본질에 충실한 교회와 그리스도인을 위한

40일간의 신학 여행

| 황승룡 · 황민효 공저 |

쿰란출판사

들어가는 말

　많은 사람들이 오늘날 한국 교회가 위기에 직면해 있다고 말합니다. 그리스도교에 대한 비그리스도교인들의 반감 증대, 교회들과 그리스도교인들에 대한 신뢰 실추, 이단 종파들의 치명적이고 위협적인 공격 등과 같은 외적 문제들은 물론, 교회 공동체의 세속화와 분열 그리고 교인 수의 두드러진 감소와 같은 내적 문제들에 직면해 있음이 사실입니다. 이러한 상황은 오늘날 교회의 모습을 자기비판적으로 돌아보게 하고, 위기 상황을 벗어날 방법을 모색하게 합니다.

　위기 상황의 극복을 위한 여러 가지 제안들이 있겠지만 가장 기본적이고 본질적인 대답은 '본질에 충실한 교회와 그리스도인'이라고 생각합니다. 교회가 비그리스도교인들의 반감을 완화시키고, 전락된 신뢰를 회복하고, 이단들의 위협에 대처하는, 또한 교회의 세속화, 분열, 감소 현상의 위기에 대처하는 가장 확실한 방법은 교회와 그리스도인들이 자신의 본질에 충실하게 행하는 것입니다. 그러기 위해서는 교회와 그리스도인의 본질(정체성)을 바로 아는 것이 먼저 필요합니다. 그리고 이것을 제공하는 것이 신학의 임무입니다.

이 책은 그리스도인과 교회의 바른 정체성을 제공하기 위해 그리스도교의 가장 중심이 되는 교리들을 설명하는 것을 목적으로 하고 있습니다. 물론 조직신학이 다루는 그리스도교 교리가 매우 딱딱하고 어려운 것은 사실입니다. 그러나 이 책은 우선적으로 평신도들과 신학에 입문한 초년 신학도를 염두에 두고 쉬운 용어와 쉬운 설명으로 저술하고자 노력했습니다. 이 책이 한국 그리스도인들과 교회의 바른 정체성 회복에 조금이나마 기여할 수 있기를 소망합니다.

2015년 1월 30일
호남신학대학교 선지동산에서
황승룡 · 황민효

차례

들어가는 말 …2

첫 번째 날 • **신학이란 무엇을 의미하는가?** …7
두 번째 날 • **신학의 과제는 무엇인가?** …12
세 번째 날 • **우리는 하나님에 대하여 말할 수 있을까?** …17
네 번째 날 • **성경은 왜 하나님의 말씀인가?** …23
다섯 번째 날 • **성경에 나타난 하나님의 영감은?** …28
여섯 번째 날 • **성경은 어떻게 해석해야 하는가?** …33
일곱 번째 날 • **성부 하나님의 이름** …39
여덟 번째 날 • **성부 하나님의 속성**(비공유적 속성 1) …43
아홉 번째 날 • **성부 하나님의 속성**(비공유적 속성 2) …48
열 번째 날 • **성부 하나님의 속성**(공유적 속성 1) …53
열한 번째 날 • **성부 하나님의 속성**(공유적 속성 2) …59
열두 번째 날 • **성부 하나님의 사역**(창조) …64
열세 번째 날 • **성부 하나님의 사역**(섭리) …70
열네 번째 날 • **하나님의 섭리와 악의 문제 1** …75
열다섯 번째 날 • **하나님의 섭리와 악의 문제 2** …80
열여섯 번째 날 • **하나님의 형상으로 창조된 인간** …86
열일곱 번째 날 • **인간의 타락과 형벌** …91
열여덟 번째 날 • **원죄와 자유의지** …96
열아홉 번째 날 • **죄의 정의**(定義)**와 하나님의 구원 계획** …102
스무 번째 날 • **참 인간이신 예수 그리스도** …107

스물한 번째 날 • 참 하나님이신 예수 그리스도 …112
스물두 번째 날 • 양성의 결합과 단일 위격 …117
스물세 번째 날 • 예수 그리스도의 사역: 선지자, 제사장 그리고 왕 …122
스물네 번째 날 • 주관적 유형의 속죄론 …128
스물다섯 번째 날 • 객관적 유형의 속죄론 …134
스물여섯 번째 날 • 그리스도의 십자가 …139
스물일곱 번째 날 • 그리스도의 부활 …144
스물여덟 번째 날 • 성령 하나님의 본성 …149
스물아홉 번째 날 • 성령 하나님의 사역 …154
서른 번째 날 • 성령 하나님의 은사 …159
서른한 번째 날 • 성령 하나님의 열매 …164
서른두 번째 날 • 교회의 기초 …170
서른세 번째 날 • 교회의 이미지 …176
서른네 번째 날 • 교회의 표지 …182
서른다섯 번째 날 • 교회의 사명 …190
서른여섯 번째 날 • 종말의 의미 …196
서른일곱 번째 날 • 종말론의 종류 …201
서른여덟 번째 날 • 심판의 시간 …207
서른아홉 번째 날 • 결단의 시간 …213
마흔 번째 날 • 다른 종교에 관하여 …222

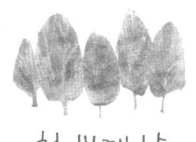

첫 번째 날
신학이란 무엇을 의미하는가?

　신학(神學)이란 무엇을 의미하는 것일까요? 흔히 신학은 두 가지 방식으로 정의될 수 있습니다. 하나는 넓은 의미로서의 신학이요, 다른 하나는 좁은 의미로서의 신학입니다.
　넓은 의미로서의 신학은 'theologia(theos[신]+logia[진술])'라는 용어 자체가 의미하는 것처럼 신에 대한 모든 진술을 포함합니다. 많은 사람들이 흔히 신학을 특별한 교육을 받은 소수의 사람들만이 할 수 있는 어렵고 난해한 지적 전유물이거나, 특정 종교 공동체의 사람들만 가지고 있는 지적 호기심으로 생각하곤 합니다.
　하지만 넓은 의미에서 신학이란 신에 대한 모든 진술을 포함하는 것이기에, 신에 대하여 관심을 갖고 있는 사람은 누구라도 또한 신에 대하여 무엇인가를 이야기하는 사람은 누구나 신학을 하고 있다고 보아도 과언은 아닙니다.

타 학문의 경우도 마찬가지입니다. 예를 들어, 장바구니를 들고 마트에 다니는 가정주부라 해서 '경제학과 아무 상관이 없다'라고 말할 수 없습니다. 그들은 분명 우리가 장바구니 경제학이라고 부를 수 있는 특정한 경제적 관념과 가치 평가를 가지고 소비하고 있기 때문입니다. 정치와는 거리가 먼 일에 종사하는 사람들이라고 정치학과 아무 상관이 없는 것은 아닙니다. 그들 역시 자신만의 정치적인 기준과 신념을 가지고 있으며, 선거와 정세에 관하여 이야기하는 한 정치학의 범주 안에 있기 때문입니다.

또한 윤리학자가 아니더라도 선악과 정의에 대한 관념과 기준을 가지고 살아가는 사람이라면 누구나 윤리학적 범주 안에서 행동하는 것이라 볼 수 있습니다. 따라서 신과 종교에 대하여 관심하고 있는 사람은 그 누구나 신학을 하고 있다 말할 수 있습니다.

그러나 우리가 일반적으로 신학이라고 부르는 것은 보다 한정적인 의미, 즉 좁은 의미에서의 신학을 의미합니다. 좁은 의미에서의 신학은 특정 종교의 신에 대한, 그리고 그에 따르는 종교 행위에 대한 체계적인 지식을 의미합니다. 이러한 의미에서 신학은 특정 종교 공동체 구성원들의 전유물이라고 말할 수 있습니다.

그렇다면 좁은 의미에서의 신학, 즉 체계화된 종교 지식은 누구를 위한 것일까요? 고등 신학 교육을 마친 신학자들만을 위한 것일까요, 아니면 현장에서 목회를 하는 목회자들을 위한 것일까요? 더 나아가 모든 그리스도교 신자에게 다 필요한 것일까요? 물론 모든 그리스도인들이 다 신학자가 될 수도 없으며, 되어야 할 필요도 없지만, 그리스도인이라면 누구나 신학은 필수적으로 알아야 합니다. 그것은 특별히 세 가지 이유에서 그러합니다.

첫째, 신앙은 신앙의 대상에 대한 궁극적인 관심(ultimate concern)을 불러일으키기 때문입니다. 20세기의 대표적인 심리학자 중의 한 사람인 에리히 프롬(Erich Fromm)은 사랑의 필수적인 요소들로 관심(care), 책임(responsibility), 존경(respect) 그리고 지식(knowledge)을 말합니다.[1] 사랑의 시작은 사랑하는 대상에 대한 관심입니다. 그리고 이러한 관심은 사랑의 대상에 대한 지식을 요구하게 됩니다. 그의 직업은 무엇인지, 그의 취미는 무엇인지, 그가 좋아하는 음식은 무엇인지와 같은 것들입니다.

신앙 역시 다르지 않습니다. 하나님을 사랑하는 사람은 하나님에 대한 궁극적인 관심을 피할 수 없으며 그분에 대한 지식을 요구하게 됩니다. '하나님은 어떠한 분인가?' '하나님은 어떠한 일을 하시는가?' '하나님께서 나에게 바라시는 것은 무엇인가?' 등 하나님에 대한 끊임없는 관심과 질문들은 하나님에 관한 구체적인 지식들을 요구하는 것이기에, 하나님에 대한 체계적인 지식을 연구하는 신학은 필수적인 것입니다.

---

1) Erich Fromm, *The Art of Loving* (New York: Harper & Row, 1956), 24.

둘째, 신앙은 그 무엇보다도 이해를 추구하기 때문입니다. 초기 스콜라 신학의 대표적인 신학자인 안셀름(Anselm, 1033~1109)은 신학이란 '이해를 추구하는 신앙'(*fides quaerens intellectum*)이라고 정의하였습니다. 앞서 언급한 것처럼 신앙은 신앙 대상으로서의 하나님에 대한 관심과 질문들을 불러일으킵니다. 이러한 과정 중에 당연하게 나타나는 논리적 귀결은 지식의 체계화입니다.

예를 들어, 사랑에 빠진 사람은 자신이 사랑하는 사람에 대한 몇 가지 파편적인 정보들을 얻는 것만으로 만족하지 않습니다. 그는 사랑하는 사람에 대한 정보들과 경험, 관찰된 내용들을 종합하여 보다 구체적이고 총체적으로 사랑하는 사람을 파악하고 이해하고자 합니다.

한 여인에게 사랑에 빠진 한 남자가 있습니다. 그는 그 여인을 관찰하는 동안 그녀가 꽃을 좋아하고, 음악을 좋아하고, 오후에 독서와 함께 차 한 잔의 여유를 즐긴다는 것을 알게 됩니다. 그러한 지식들을 종합하는 동안 그는 자신이 그녀에게 마초 같은 모습보다는 예의 바른 신사의 모습으로 접근해야 한다는 결론을 얻게 됩니다.

신앙 역시 단지 하나님에 대한 파편적인 지식들을 소유하는 것만으로 만족하지 않습니다. 신앙인들은 하나님에 관한 여러 지식들을 종합하여 하나님에 관한 구체적이고 총체적인 이해에 도달하고자 합니다. 이러한 체계화의 산물이 바로 신학인 것입니다.

셋째, 신앙은 자신의 신앙을 검증할 수 있는 기준을 필요로 하기 때문입니다. 하나님에 대한 신앙을 고백하는 다수의 사람이 존재하는 까닭에 항상 신앙은 개인적이라기보다 공동체적입니다. 신앙인들은 각기 하나님에 대해 다른 지식, 인상, 그리고 관념들을 가지고 있을 수 있으며, 또한 각기 다른 형식의 종교 행위들(전통적 예배 형식, 열린 예배 형식과 같은)을 선호할 수도 있습니다. 여기서 공동체는 다양성 가운데에서 일치와 조화를 제공할 수 있는 바른 신앙의 기준을 요청하게 됩니다. 이 요청의 결과가 바로 신학입니다.

하나님에 대한 신앙을 고백하는 신실한 그리스도인이라면 누구나 체계적인 지식으로서의 신학을 필요로 합니다. 그들은 신앙의 대상이신 하나님에 관한 관심을 가지고 있기에, 그분을 보다 구체적으로 이해하기 원하기에, 또한 바른 신앙 행위의 기준을 구하는 까닭에 신학을 필요로 하는 것입니다.

이처럼 신학은 모든 그리스도인들에게 필수적인 것이기에, 신학을 교육할 책임은 신학자들뿐 아니라 개교회의 목회자들에게도 있다고 말할 수 있습니다.

두 번째 날

신학의 과제는 무엇인가?

신학의 과제는 무엇일까요? 물론 신학자들마다 각기 여러 다른 대답을 할 것입니다. 하지만 제가 생각하는 그리스도교 신학의 가장 중요한 과제는 온 세상에 그리스도교 복음이 참 진리라는 것을 증거하고 그 진리를 새로운 시대에 적합한 방식으로 해석하고 선포하는 것이라고 생각합니다. 이 사명을 다하는 가운데 우리는 진리와 상황이라는 두 가지 중요한 요소들과 만나게 됩니다.

신학을 함에 있어서 중요한 첫 번째 요소는 진리(truth)입니다. 그리스도교 신학은 무엇보다 자기 종교의 진리성(참됨)을 밝히는 데 노력해야 합니다. 하지만 요즈음에 진리라는 용어 자체를 위태롭게 만드는 두 가지 경향이 존재합니다. 하나는 진리가 단지 하나가 아니라 여러 개가 있을 수 있다는 다원성(plurality)의 경향이요, 다른 하나는 진리가 특정한 사람, 시간, 장소에 따라 다를 수 있다는 상대성(relativity)의 주장입니다.

예를 들어, 아이들의 수학책을 보면 한 문제의 해답을 구하는 데 두 가지 혹은 세 가지의 풀잇법들이 있습니다. 이것은 동일한 해답에 도달하는 데 여러 방식들이 존재할 수 있다는 다원성의 좋은 예가 됩니다. 또한 내가 생각하기에는 이 음식점의 요리가 정말 맛이 있지만, 내가 데려간 다른 사람에게는 그리 감동스럽지 않은 맛일 수도 있습니다. 이것은 어떤 대상에 대한 가치 평가가 절대적이라기보다 상대적이라는 좋은 예가 될 것입니다.

하지만 그리스도교 신학의 진리 주장과 현대의 다원-상대성 진리 주장은 상호 양립하기가 어렵습니다. 그리스도교 신학이 절대적이고 보편적인 신앙고백에 근거하고 있기 때문입니다. 한 예로, 사도 베드로는 이렇게 말합니다.

> "다른 이로써는 구원을 받을 수 없나니 천하 사람 중에 구원을 받을 만한 다른 이름을 우리에게 주신 일이 없음이라 하였더라"(행 4:12).

성경의 이 진술은 분명 구원이라는 목표가 오직 예수 그리스도를 통해서만 가능하다는 것을 전제로 하고 있습니다. 이 주장은 다원성의 주장에 반대하여 오직 예수 그리스도만이 구원의 수여자시라는 절대성의 주장과 더불어, 예수 그리스도는 나에게만 구원이 되시는 분이 아니라 동시에 모든 이들에게 구원이 되신다는 보편성의 주장을 함께 가지고 있습니다.

이러한 까닭에 최소한 구속적(구원론적)인 측면에서 그리스도교 신학은 절대적이고 보편적인 성격을 피할 수 없는 것입니다.

신학을 함에 있어서 중요한 두 번째 요소는 상황(context)입니다. 분명 그리스도교의 복음은 절대적이고 보편적인 진리입니다. 이것은 시대와 장소가 변한다고 해서, 그 메시지를 듣는 사람이 다르다고 해서 변화하는 상대적인 것이 아니라 시공을 초월하여 불변하는 절대적인 것임에는 틀림없습니다.

그러나 우리가 간과할 수 없는 한 가지 측면은, 이 진리를 표현하는 방식은 상황의 영향을 받는다는 점입니다. 다시 말하여, 그리스도교 복음은 내용에 있어서는 절대적인 것이지만 그 표현 방식은 복음을 듣는 대상과 시간과 장소에 따라서 달라질 수 있습니다.

이 상황화(contextualization)의 요청을 가장 잘 인식했던 성경 인물이 사도 바울입니다. 그는 동일한 복음을 유대인에게는 유대인의 상황에 적합한 방식으로, 또 헬라인에게는 헬라인의 상황에 적합한 방식으로 전했던, 상황화의 천재였습니다.

"유대인들에게 내가 유대인과 같이 된 것은 유대인들을 얻고자 함이요 율법 아래에 있는 자들에게는 내가 율법 아래에 있지 아니하나 율법 아래에 있는 자같이 된 것은 율법 아래에 있는 자들을 얻고자 함이요 율법 없는 자에게는 내가 하나님께는 율법 없는 자가 아니요 도리어 그리스도의 율법 아래에 있는 자이나 율법 없는 자와 같이 된 것은 율법 없는 자들을 얻고자 함이라"(고전 9:20-21).

오늘날 신학자들과 목회자들에게 있어서 가장 중요한 과제 중 하나는 현대의 사회문화적 상황과 교회의 삶의 자리에 적합하게 그리스도교의 진리를 표현하는 상황화 작업일 것입니다.

마지막으로 우리가 반드시 유념해야 할 점이 하나 있습니다. 그것은 신학은 무엇보다도 교회를 위한 것이라는 사실입니다. 신학은 교회를 위해 봉사하고 섬길 책임을 가지고 있습니다. 물론 이 말은 신학이 교회를 설대화하거나, 정당화하거나, 또는 책임을 회피하는 데 사용되는 도구가 되어야 함을 말하는 것은 아닙니다. 도리어 신학은 교회를 바로 세우기 위하여 비판적인 목소리를 가져야 합니다.

이 주장을 통하여 제가 말하고자 하는 것은, 신학이 없는 교회나 교회와 분리된 신학은 존재할 수 없다는 사실입니다. 신학이 없는 교회는 자기 비판의 기준이 없고 알맹이 없는 껍질에 불과할 것이며, 교회와 분리되어 전개되는 신학은 단순히 신학자들의 지적 유희에 불과하기 때문입니다.

책임 있는 신학자는 동시에 항상 교회가 처해 있는 상황을 바로 분석하여 그 방향을 제시하는 목회자가 되어야 하며, 책임 있는 목회자는 동시에 바른 신학적 지식을 통하여 공동체를 이끌어가는 현장의 신학자가 되어야 합니다.

물론 이러한 책임은 아마추어 신학자인 성도들에게 있어서도 동일합니다. 그때 그리스도교는 자신의 복음의 진리성을 책임 있게, 그리고 적절하게 세상에 선포할 수 있을 것입니다.

세 번째 날

우리는 하나님에 대하여 말할 수 있을까?

신학을 함에 있어서 가장 우선되는 질문 중의 하나는 '우리가 하나님에 대하여 말할 수 있는가?'라는 물음입니다. 이 물음에 가장 분명하고도 우선적으로 주어지는 대답은, 우리는 하나님에 대하여 말할 수 없다는 사실입니다.

그 이유는 하나님과 우리 인간 사이에는 질적으로 건널 수 없는 무한한 간격이 존재하기 때문입니다. 하나님은 전능(omnipotent)하신 하나님이시지만 우리는 내 앞길도 책임지지 못하는 무능력한 존재입니다. 하나님은 과거, 현재, 미래의 모든 일을 아시는 전지(omniscient)하신 분이지만 우리는 내일 일, 아니 불과 몇 분 뒤의 일도 예견하지 못하는 무지한 존재입니다.

하나님은 모든 시간은 물론 산, 들, 바다, 하늘 등 어디에나 충만하신 편재(omnipresent)의 하나님이시지만 우리는 시간과 공간의 틀 속에서 살아가는 제한적인 존재입니다. 더 나아가 하나님은 불변하시는 영원하신 하나님이시지만 우리는 상황에 따라 변화를 겪어야 하는 일시적인 존재에 불과합니다. 이러한 이유로 우리가 하나님에 대하여 말할 수 없다는 것은 분명한 사실입니다.

그러나 우리는 분명히 하나님에 대하여 말할 수 있습니다. 이것은 인간의 능력에 의거한 것이 아니라 하나님께서 스스로 자신을 보여주셨기 때문입니다. 하나님께서 스스로 자신의 존재, 자신의 사역 그리고 자신의 뜻과 목적을 우리에게 보여주셨기 때문에 우리는 하나님에 대하여 말할 수 있습니다. 우리는 이것을 신학적 용어로 '하나님의 계시' (the Revelation of God)라고 부릅니다.

하나님의 계시는 크게 일반계시(general revelation)와 특별계시(special revelation) 두 가지로 구분될 수 있습니다.

일반계시는 산, 들, 폭포와 같은 자연 피조물, 인간의 역사, 인간의 이성 그리고 인간의 양심과 같은 것을 통하여 하나님의 존재와 신성을 경험하는 것을 의미합니다. 우리는 그랜드캐니언이나 나이아가라 폭포와 같은 웅장한 경관을 보면서, 또 하늘의 빛나는 별들과 끝이 보이지 않는 망망대해를 보면서 하나님의 오묘한 손길을 느낄 수 있습니다.

페르시아나 로마와 같은 나라들과 인간의 흥망성쇠의 역사를 보면서 역사의 주인이 되시고 역사를 이끌어 가시는 하나님의 간섭하심을 경험할 수 있습니다. 또한 인간의 이성과 합리적인 사고를 통하여 하나님의 존재를 추론해 볼 수도 있으며, 더 나아가 인간에게 주어진 양심을 보면서 하나님의 흔적을 찾을 수 있습니다.

그리스도교의 역사상 일반계시의 틀 속에서 하나님의 존재를 증명하려고 했던 세 가지의 중요한 논증(argument)이 존재합니다.

첫 번째, 존재론적 논증(the ontological argument of God)이라고 부르는 것인데, 이 논증은 하나님이라는 관념으로부터 하나님의 존재를 유추하는 것입니다. 여기서 전제가 되는 것은, 모든 사람들에게는 '하나님' 또는 '신'이라는 관념이 존재한다는 사실입니다. 일부 철저한 무신론자들을 제외한 대부분의 사람들은 하나님에 대한 막연한 관념을 가지고 있습니다. 그리고 이 관념은, 하나님은 인간과는 비교할 수 없는 완전하고 능력 있는 존재라는 것을 내용으로 합니다.
존재론적 논증은 전능하고 완전한 하나님이라는 관념(idea) 그 자체가 하나님의 존재를 증명한다는 주장을 합니다. 다시 말하여, 보다 열등한 존재들도 존재 또는 실재성(reality)을 가지는데 완전하고 전능한 하나님이 존재를 가지지 않는다는 것은 불가능하다는 것입니다. 하나님이 존재를 갖지 않는다는 것은 논리적으로 불가능하기에, 하나님의 관념은 스스로 하나님의 존재를 증명합니다.

두 번째, 우주론적 논증(the cosmological argument of God)이라고 부르는 것인데, 이 논증은 원인과 결과라는 인과율(causality)에 근거하여 하나님의 존재를 증명하는 것입니다. 예를 들어, 지금 공이 굴러가고 있다고 가정해 봅시다. 이 공이 굴러가기 위해서는 분명 무엇인가 이 공을 움직인 힘이 존재해야 한다는 것을 아무도 부인할 수 없을 것입니다. 공이 스스로 굴러갈 수는 없기 때문입니다.

또 예를 들어, 책 표지가 사라져서 저자를 알지 못하는 책을 한 권 주웠다고 생각해 보십시오. 저자를 알 수 없다는 이유로 우리는 이 책이 저절로 하늘에서 뚝 떨어졌다고 생각하지는 않을 것입니다.

이처럼 우리들의 주위에는 수많은 존재와 그들의 운동들이 있으며, 이 모든 것들을 창조하고 움직이게 만드는 원인이 존재해야만 한다는 것입니다. 이 모든 존재를 가능하게 한 분이, 그 원인이 바로 하나님이라고 주장하는 논증입니다.

세 번째, 목적론적 논증(the teleological argument of God)이라고 부르는 것인데, 이 논증은 고안(design)이라는 측면에서 하나님의 존재를 증명하는 것입니다. 예를 들어, 지구는 은하계 안에 있는 수십억 개의 별들 중의 하나에 불과합니다. 그리고 이런 은하계와 같은 소우주들이 밝혀진 것만 30여 개나 이 우주에는 존재합니다. 이 거대하고 복잡한 우주가 너무나 아름답게 균형 잡혀 질서 있게 움직이고 있습니다. 우리는 이 우주가 단순히 우연으로 생겨난 것이라고, 그리고 우연적으로 질서가 잡힌 것이라고 주장할 수 있을까요? 아무런 목적 없이 생겨난 것이라고 말할 수 있을까요?

예를 들어, 우리가 우연히 시계를 발견했다고 가정해 봅시다. 이 시계는 기계적으로 너무나 정확하게 움직이고 있습니다. 우리는 과연 이러한 시계가 우연적으로 생겨나서 움직이는 것이라고 생각할 수 있을까요? 설사 우리가 시계라는 것을 모르는 미개인이라고 할지라도, 우리는 이 시계를 통하여 시계를 만든 사람의 능력은 물론 이 시계가 어떠한 목적에 의하여 만들어졌다는 것을 추정해 볼 수 있을 것입니다. 바로 이 세상의 질서와 목적을 고안하신 분이 하나님이시라는 논증입니다.

물론 이러한 일반계시들은 어느 정도의 설득력을 가지고 있는 것은 사실입니다. 그러나 우리는 일반계시에 근거하여 하나님의 존재를 유추하는 논증들이 가지는 한계를 직시해야 합니다. 이 논증들은 분명 논리적인 한계들을 가지고 있으며 – 이 논증들이 가지는 한계들은 《순수이성 비판》에서 칸트에 의하여 논리적으로 제시되었습니다[1] – 기껏해야 하나님의 존재에 대하여 피상적으로 증명하는 것

---

[1] 칸트는 존재론적 논증의 모순을 이렇게 지적합니다. 우리가 삼각형을 가정하고 3각을 받아들이지 않는다면 이것은 분명 모순이 될 것입니다. 그러나 삼각형과 3각 양자를 모두 거부한다면 여기에는 그 어떠한 모순도 있을 수 없습니다. 마찬가지로, 신이라는 주어를 가정한 채 신의 완전성을 부인한다면 논리적인 모순이 되겠지만, 신의 존재와 완전성이라는 술어를 동시에 부정한다면 아무런 문제가 없는 것입니다. 따라서 완전자의 존재를 미리 가정하는 존재론적 신 증명은 받아들일 수 없습니다. 우주론적 논증과 목적론적 논증의 경우에는 감각 영역의 세계를 벗어난 존재에게 감각 영역의 산물인 인과율의 원리를 선험적으로 적용하는 것은 부당하다고 비판하였습니다. 이처럼 칸트는 인간의 (순수)이성의 한계를 분명히 함으로써, 또 과거에 행해졌던 모든 하나님의 존재 증명들의 한계를 지적함으로써, 인간의 이성으로는 결코 하나님을 증명할 수 없음을 분명히 하였습니다.

에 불과할 뿐, 우리 그리스도인들이 예배하고 사랑하는 인격적인 하나님에 대한 지식을 제공하지 못합니다. 더 나아가 우리에게 구원을 주시는 그리스도교의 하나님에 대한 증거는 될 수도 없습니다.

그리스도교가 믿고 고백하는 하나님은 예수 그리스도라는 특별 계시를 증거하는 성경을 통해서만 알 수 있습니다. 성경은 하나님께서 스스로의 존재, 자신의 사역 그리고 자신의 뜻과 목적을 밝혀 주신 하나님의 말씀입니다. 그런데 성경은 정말 하나님의 말씀일까요? 우리는 성경이 하나님의 말씀이라는 것을 어떻게 알 수 있을까요?

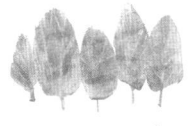

네 번째 날

성경은 왜 하나님의 말씀인가?

성경은 분명 인간에 의하여, 인간의 언어로, 시대적 상황에 따라, 인간적 정서 안에서 기록된 인간의 말임에 틀림없습니다. 이것을 부인할 사람은 없을 것입니다. 그러나 성경은 동시에 하나님의 말씀이라고 불립니다. 디모데후서 3장 16절에서 사도 바울은 성경이 하나님의 말씀인 이유를 이렇게 밝히고 있습니다.

"모든 성경은 하나님의 감동으로 된 것으로 교훈과 책망과 바르게 함과 의로 교육하기에 유익하니."

성경은 하나님의 감동으로 된 것, 즉 하나님의 영감(inspiration)으로 기록된 것이기에 하나님의 말씀이라고 증언하는 것입니다. 물론 성경은 인간의 손으로, 인간의 언어로, 인간의 정서를 통해 기록된 인간의 말이지만 동시에 하나님의 영감으로 기록된 것이기에 하나님의 말씀이라는 것입니다. 그렇다면 우리는 성경이 정말로 하나님의 영감으로 쓰였다는 것을 어떻게 알 수 있을까요?

성경의 통일성

첫째, 성경이 가지고 있는 통일성을 통해서 알 수 있습니다. 성경은 약 40여 명의 저자에 의하여 1,600년에 걸쳐서 기록되었습니다. 그러나 놀랍게도 이 모든 성경은 하나의 공통된 주제를 가지고 있습니다. 그것은 바로 '하나님의 나라' 또는 '하나님의 구원 계획'이라는 주제입니다. 하나님의 형상으로 만들어진 인간이 타락하여 하나님께로부터 멀어졌지만, 하나님께서 우리를 사랑하셔서 구원의 길을 예비하시고 영원한 그의 나라로 인도하신다는 것입니다.

성경이 보여주는 주제의 통일성은 매우 놀랍습니다. 몇 사람이 메뉴가 몇 가지로 한정된 식당에 가서도 동일한 음식을 주문하는 경우는 흔치 않습니다. 그런데 40여 명의 저자가 각기 다른 시대에 동일한 주제에 관하여 기록하고 있다는 것은, 흔히 우리가 마른하늘에 벼락을 맞을 확률이나 로또에 당첨될 확률과도 비교할 수 없는 엄청난 사건입니다. 과연 이러한 통일성이 인간적인 의도나 우연으로 이루어질 수 있을까요? 이처럼 놀라운 통일성을 보이는 성경을 우리는 하나님의 말씀이라고 고백하는 것입니다.

성경의 역사성

둘째, 성경이 가지고 있는 역사성을 통해서입니다. 고대문헌 학자들이 고대의 기록의 역사성을 평가할 때 일반적으로 두 가지 기준을 사용합니다.

하나는 '원본과 사본과의 시간적 간격이 얼마나 되는가?'라는 기준입니다. 예전에 TV에서 인기가 있었던 어떤 오락 프로그램의 말 옮기기 게임에서, 사람들이 서로 단어를 전할 때 몇 사람을 거치면서 전혀 다른 단어로 변하는 것을 본 적이 있을 것입니다. 이처럼 하나의 이야기는 시간이 흐르는 가운데 여러 사람을 거치면서 부풀려지거나 왜곡되곤 합니다. 만일 원본과 우리가 가지고 있는 최초의 사본 간의 시간적 간격이 크다면 그 사본은 원본으로부터 부풀려지거나 변형된 내용을 기록하고 있을 확률이 높습니다.

나른 하나는 '얼마나 많은 사본들의 수가 존재하며, 그 사본들 간의 문헌상 서로 일치하지 않는 오류가 얼마나 되는가?'입니다. 사본들의 숫자가 적으면 적을수록 그리고 그 사본들 간의 문헌상 오류가 크면 클수록 사본의 역사성과 진위성은 의심받습니다.

예를 들어 그리스의 영웅들의 서사시이자 신화들을 기록하고 있는 우리에게 잘 알려진 호메로스(Homeros)의 《일리아스》(Illias)의 경우 책이 최초로 기록된 것은 기원전 900년경으로 알려져 있습니다. 그러나 우리가 가지고 있는 최초의 사본은 기원전 400년에 기록된 것입니다. 원전과 사본의 시간적 간격이 무려 500년이나 됩니다. 또한 사본도 600여 개에 불과하고 사본들 간의 문헌상 오류도 5퍼센트에 이릅니다. 그러나 많은 사람들이 《일리아스》의 역사적인 문서로서의 진위성과 역사성을 인정하고 있습니다.

하지만 신약성경의 경우 발견된 사본의 대부분이 신약성경 기록 후 100년 안에 기록된 것들이었습니다. 또한 사본들의 수가 5,300여 개나 되며 문헌상 오류도 겨우 0.5퍼센트에 불과합니다. 원본과 사본과의 짧은 시간적 간격, 많은 사본들이 보이는 일치성을 볼 때 성경은 가장 신뢰할 만한 역사성을 가진 기록이라 말할 수 있습니다. 이처럼 타 고대 문서와 비교될 수 없는 역사성을 볼 때 우리는 성경을 하나님의 말씀이라 고백할 수 있습니다.

성경의 능력

셋째, 성경이 가지고 있는 변화의 능력을 통해서입니다. 물론 성경의 통일성이나 역사성도 성경이 하나님의 말씀임을 입증하는 좋은 근거들이 되지만, 가장 중요한 증거는 바로 성경이 가진 변화의 능력이라고 생각합니다.

류 월레스(Lew Wallace, 1827~1905)라는, 남북전쟁 당시 유명한 장군이 있었습니다. 그리스도교를 매우 혐오했던 그는 은퇴한 후 친구의 권유로 그리스도교를 잠재울 만한 책을 저술하겠다는 원대한 꿈을 갖게 되었습니다. 월레스는 여러 유명 도서관들을 다니며 자료들을 수집하고 예수 그리스도에 대한 이야기가 허구라는 것을 밝히기 위하여 모든 노력을 다했습니다. 이를 위해 그는 성경을 열심히 읽었는데, 그러던 중 갑작스러운 심경의 변화를 맞았습니다. 그토록 거짓으로 여겼던 이야기들이 하나하나 다 믿어지는 것이었습니다. 결국 그는 하나님 앞에 무릎을 꿇고 하나님을 영접했습니다.

그 후 월레스는 자신의 처음 의도와는 전혀 다른 이야기를 소설로 썼는데 그 책이 그가 1880년 뉴멕시코의 주지사로 있을 때 완성한 - 우리에게는 윌리엄 와일러 감독과 찰톤 헤스톤 주연의 영화로도 잘 알려져 있는 - 19세기 미국의 최고의 베스트셀러 중 하나인 《벤허》(Ben Huh)라는 소설입니다.

빌리 그레이엄 목사님은 언젠가 이런 이야기를 한 적이 있습니다. "수천 명의 전도자들보다 더 많은 사람들을 하나님께로 인도하게 만든 것이 이 '벤허'라는 영화다." 예수님을 혐오했던 한 사람이 성경 말씀을 통해 변화되어 이 엄청난 역사가 만들어진 것입니다.

사람들이 성경이 하나님의 말씀이라는 것과 성경의 능력을 의심하는 이유는, 그들이 성경을 정말 마음 깊이 읽으려 하지 않았기 때문입니다. 성경은 분명 변화시키는 놀라운 능력을 가지고 있습니다. 성경에 쓰여 있는 문자나 내용이 우리를 변화시키는 것이 아니라, 성령의 능력이 성경의 말씀을 통하여 우리를 예수 그리스도 안에서 계시된 하나님과 만나게 해줌으로써 우리의 삶을 변화시키는 것입니다. 이 변화의 힘은 분명 성경이 영감으로 기록된 하나님의 말씀임을 우리에게 입증하는 것입니다.

그런데 하나님께서는 어떻게 성경의 저자들에게 영감을 주신 것일까요?

다섯 번째 날

성경에 나타난 하나님의 영감은?

그리스도교의 전통에서 성경이 하나님의 영감으로 써진 것이라는 점은 논란의 여지가 없습니다. 그러나 우리는 성경에 나타난 하나님의 영감에 대하여 크게 두 가지 질문을 해 볼 필요가 있습니다.

(1) 성경에 나타난 하나님의 영감은 어떠한 방식으로 주어진 것일까?

(2) 그리고 성경에 나타난 영감의 범위는 어디까지일까? 성경의 모든 부분이 다 영감으로 이루어진 것일까, 아니면 특정한 부분들만이 영감을 받은 것일까?

이 두 가지 질문은 서로 다른 입장 차이를 보이는 성경에 나타난 영감의 방식과 범위에 관한 물음들입니다.

영감이 주어지는 방식

먼저 성경에 나타난 하나님의 영감은 어떠한 방식으로 주어진 것일까요? 이 질문에 대한 대답은 크게 네 가지로 나눌 수 있습니다.

첫 번째는 '자연적 영감설'(naturalistic inspiration theory)입니다. 이 견해는 하나님께서는 모든 인간들 안에 거하시기 때문에 모든 인간들은 하나님의 영감을 받았다고 주장합니다. 그러나 그 영감의 정도는 개개인의 영적인 직관과 감각에 달려 있다고 봅니다. 예를 들어, 위대한 문학가가 뛰어난 문학적 재능 혹은 영감을 가지고 있듯이, 또 위대한 음악가가 뛰어난 음악적인 직관과 영감을 가지고 있듯이, 성경은 뛰어난 종교적 영감을 가진 사람들에 의하여 기록되었다는 것입니다. 그러나 이 견해는 그리스도인들이 받아들이기 힘든 견해입니다. 만일 이 견해를 따른다면 성경은 뛰어난 종교적 영감에 의하여 기록된 인간의 문서에 불과한 것이며, 오늘날에도 뛰어난 종교적 영감을 가지고 있는 사람이 있다면 계속해서 성경을 기록할 수 있기 때문에 성경의 완전성과 충분성을 인정할 수 없기 때문입니다.

두 번째는 '동력적 영감설'(dynamical inspiration theory)입니다. 이 견해는 영감이란 인간의 자연적인 능력이라기보다 초자연적으로 성경의 저자들에게 주어진 특별한 영적 조명을 의미하며, 이 영감에 따라 성경의 저자들이 성경을 기록하였다고 주장합니다. 물론 이 견해는 자연적 영감설과는 다르게 영감의 초자연적인 성격을 부인하지 않습니다. 그러나 이 견해 역시 문제점을 가지고 있습니다. 성경을 기술하는 데 있어서 직접적으로 작용하시는 성령의 역할과 간섭을 인정하지 않기 때문입니다. 따라서 하나님의 계시로서의 성경의 성격을 약화시키며 성경을 인간의 소산물로 취급하기에, 받아들일 수 없는 견해입니다.

세 번째는 '기계적 영감설'(mechanical inspiration theory)입니다. 이 견해에 따르면 성경을 기록한 기자들은 단순히 하나님께서 불러주신 대로 필사한 기록자들에 불과합니다. 다시 말해, 성경 기자들은 그저 하나님께서 불러 주신 대로 기록하였기에 성경의 내용이나 형식에 아무런 기여를 하지 못하는 도구들에 불과하다는 견해입니다. 자연적 영감설과 동력적 영감설이 인간의 문서로서의 성경의 성격을 극단적으로 주장하였다면, 기계적 영감설은 신적 문서로서의 성경의 성격을 극단적으로 주장한다고 볼 수 있습니다. 그러나 공관복음서만 보더라도 성경 기자들에 따라 각기 다른 문체와 강조점을 가지고 있는 것을 볼 때 인간적인 요소를 완전히 배제하는 이 견해는 받아들일 수 없습니다.

마지막 네 번째는 '유기적 영감설'(organic inspiration theory)로서, 성경은 성경 기자들의 특성(성격, 기질, 은사와 재능)과 경험을 배제하지 않은 방식으로 기록된 것이라 주장하는 견해입니다. 즉, 성경은 성령의 영감에 의하여 기록되었으나 기록 과정에서 성경 기자들이 수동적으로 참여한 것이 아니라 능동적으로 참여한 것으로 보는 견해입니다. 현재 개혁교회는 성경은 성령의 영감과 성경 기자들의 특성의 유기적인 관계 속에서 기록된 것이라는 이 유기적 영감설을 가장 지지하고 있습니다.

성경에 주어진 영감의 범위

다음으로 우리가 성경의 영감에 대하여 물어야 하는 질문은 '성경에서의 영감의 범위는 어디까지인가?'입니다. 이 질문에 대한 답 역시 크게 네 가지로 나눌 수 있습니다.

첫 번째는 '부분 영감'입니다. 이 견해에 따르면 성경은 부분적으로 영감된 것입니다. 예를 들어, 성경의 교리적인 부분들 – 예를 들어 사도 바울의 이신칭의(以信稱義)나 십자가와 부활의 해석 등 – 은 영감을 받은 것이며, 역사적인 부분들은 영감을 받은 것이 아니라 성경 기자들의 기억에 의존하는 것이기에 오류 가능성을 가지고 있다고 주장하는 것입니다.

두 번째는 '사상 영감'입니다. 이 견해는 성령의 영감은 언어적인 차원이 아니라 성경 기자들의 사상에 영감된 것이라고 주장합니다. 따라서 성경 기자들은 영감된 사상에 의존하여 자유롭게 언어라는 옷을 입혀 성경을 기록했기에 성경은 불완전한 측면과 오류 가능성을 가지고 있는 것입니다. 물론 이러한 부분 영감과 사상 영감은 현존하는 성경이 가지고 있는 부분적 오류들을 설명하는 데 있어서 강점을 가지고 있는 것이 사실입니다. 그러나 각각 성경을 차별적으로 평가하고 갈라놓을 위험성을 가지고 있기에 받아들일 수 없습니다.

세 번째는 '축자 영감'입니다. 이 견해에 따르면 성경의 모든 부분은 다 하나님의 영감에 의하여 기록된 것이며, 단어 하나하나에 다 신적인 영감과 의미가 담겨 있는 것입니다. 물론 이 영감설은 성경의 완전 영감을 주장하기에 타당하다 말할 수 있지만, 잘못하면 인간적인 요소를 배제하는 기계적 영감설로 오인될 위험성을 가지고 있습니다.

마지막 대답은 '유기적 완전 영감설'로, 성경의 모든 부분은 다 영감에 의하여 이루어져 있다는 완전 영감을 받아들이면서도 인간적인 요소를 배제하지 않고 유기적으로 기록된 것이라고 주장하는 견해입니다. 영감의 범위에 대한 가장 적합한 견해라 볼 수 있습니다.

우리가 살펴볼 다음 질문은 '하나님의 영감으로 기록된 성경을 어떻게 해석할 것인가?' 다시 말하여 바른 성경 해석 방법에 관한 물음입니다.

여섯 번째 날

성경은 어떻게 해석해야 하는가?

하나님의 영감으로 기록된 성경을 어떻게 해석해야 할까요? 이 질문은 바른 '성경해석학'(Biblical Hermeneutics)에 대한 물음입니다. 성경은 지금으로부터 3,500~1,900여 년 전에 쓰인 고대의 기록들입니다. 각기 다른 시대적 상황 아래에서, 다양한 문학적 형식으로, 때로는 상이한 의도와 목적을 가지고 기록된 기술들입니다. 이러한 이유로 오늘날 성경을 해석하는 우리와 문화적, 상황적, 언어적 간격이 매우 큰 것이 사실입니다. 따라서 성경을 바로 이해한다는 것은 무척이나 어려운 신학적 작업임에 틀림없습니다. 이러한 간격들을 줄이는 작업이 '성경해석학'의 가장 중요한 임무라 할 수 있습니다.

바른 성경 해석에 관한 물음은 비단 오늘날뿐 아니라 성경이 기록된 순간부터 시작되었습니다. 우리는 유대인들로부터 예수님, 사도, 초대 교부, 중세의 신학자, 종교개혁자 그리고 근대 이후 성경해석학의 방법론들의 비약적인 발전에 이르기까지의 성경해석학의 역사에 대하여 자세하게 살필 수는 없습니다. 이것은 한 권의 책으로 기록해야 할 만큼 방대하고 복잡한 작업이기 때문입니다. 여기서 우리는 성경을 바르게 해석하는 데 있어서 기준이 되는 가장 중요한 몇 가지의 해석 원리들을 밝히는 것에 중점을 두려고 합니다.

성경을 해석할 때 반드시 피해야 할 두 가지 위험

성경을 해석함에 있어서 반드시 피해야 하는 두 가지 위험이 존재합니다. 그것은 절대적 해석과 자의적 해석입니다.

먼저 성경은 절대적, 독단적으로 해석될 수 없습니다. 왜냐하면 성경은 성령의 조명하심과 해석자의 관점에 따라 다양하게 해석될 수 있는 가능성을 가지고 있기 때문입니다.

예를 들어 주님의 비유도 한 가지 의미가 아니라 다양하게 해석될 수 있는 가능성을 가지고 있습니다. 우리가 잘 아는 누가복음 15장의 '탕자의 비유'의 경우에도 둘째 아들에게 초점을 맞추느냐 아니면 아버지에게 초점을 맞추느냐 아니면 형에게 초점을 맞추느냐에 따라 그 의미가 전혀 달라질 수 있습니다. 집을 나간 둘째 아들에 초점을 맞추는 경우에는 회개와 돌아옴이, 아버지에 초점을 맞추는 경우에는 아버지의 사랑이, 형에게 맞추는 경우에는 관용이라는 상이한 주제가 강조되기 때문입니다.

더 나아가 동일한 책을 읽어도 20대 때, 40대 때, 60대 때 받는 감상과 교훈이 각각 다른 것처럼, 동일한 성경 본문으로부터 우리는 우리가 처한 상황에 따라 각기 다른 은혜를 받을 수 있습니다. 같은 본문에서 우리는 어떤 때는 위로를, 또 다른 때는 용기를 얻을 수 있습니다. 따라서 우리는 어떤 한 가지 해석만을 독단적으로 인정하는 절대적 해석의 태도를 피해야 합니다.

이와 반대로 또한 성경은 자의적으로 해석될 수 있는 위험성을 가집니다. 이단 종파들의 경우에서처럼 특정한 성경 본문에만 중심을 두고 해석한다거나, 전통적인 해석들을 무시한 채 성경을 해석한다면 성경의 본래의 의미로부터 벗어난 자의적인 해석에 머물게 될 것입니다.

그렇다면 우리는 절대적 해석과 자의적 해석의 위험으로부터 어떻게 자유로울 수 있을까요? 어떻게 해야 성경의 다양한 의미들을 억압하지 않으면서도 자의적인 해석에 빠지지 않을 수 있을까요? 물론 우리는 이 질문에 완전한 해답을 줄 수 없습니다. 해석하는 우리 자신들이 불완전한 존재이기에 전적으로 타당한 성경 해석을 할 수 없기 때문입니다. 그러나 최소한 이러한 위험성들로부터 벗어나 보다 타당한 해석에 이르게 하는 몇 가지 해석의 기본 원리들을 밝힐 수는 있습니다.

성경 해석의 몇 가지 기본 원리

첫째, 성경의 영적인 권위를 먼저 인정해야 합니다. 앞서 말한 것처럼 성경은 하나님의 영감으로 기록된 하나님의 말씀입니다. 따라서 우리는 성경을 해석함에 있어서 일반 문학 작품과 동일한 방식으로 읽어서는 안 됩니다. 18~19세기 계몽주의, 낭만주의 시대의 신학자들은 성경을 일반 문학 작품과 동일한 방식으로 읽어야 한다고 주장하였습니다. 성경이 정말 영적인 책이라면 그냥 읽더라도 영적인 은혜가 주어질 것이라고 주장하면서 말입니다.[1]

그러나 성경은 단순한 인간의 창조물이 아닌 신적 계시를 담고 있는 영적 문서이기에, 우리가 성경을 해석한다는 태도를 가지기보다 성령님의 조명하심을 통해 성경이 우리에게 말씀하시는 것을 듣고자 하는 겸허한 마음이 필요합니다. 이것이 바로 하나님의 말씀으로서의 성경의 권위를 인정하며, 성경 해석의 권위를 교회가 아닌 성경 자체에 둔 '성경은 자신의 해석자'(*Scriptura Sui Ipsius Interpres*)라는 종교개혁자들의 성경 해석의 가장 기본적인 원칙입니다.

둘째, 성경은 그리스도 중심적으로 해석되어야 합니다. 각기 다른 시대에, 각기 다른 저자들에 의해, 각기 다른 양식으로 기록된 성경에 통일성을 주는 것은 바로 예수 그리스도를 통해 실현된 하나님의

---

[1] 예를 들어 영국의 대표적인 철학자이자 신학자인 사무엘 테일러 콜리지(Samuel Taylor Coleridge, 1772~1834)의 경우, 성경의 권위는 '무오성'(infallibility)을 주장함으로써 세워지는 것이 아니라 철저히 입증되어야 하는 것으로 보았습니다. 이러한 이유로 성경은 다른 문학 작품들과 동일한 방법으로 다루어져야 한다고 주장했습니다. 만일 성경이 진정으로 영적인 진리를 포함하고 있는 책이라면, 그 진리는 설사 다른 문학 작품들과 동일한 방법으로 읽힌다고 할지라도 우리에게 발견될 것이기 때문이라고 했습니다. Samuel Taylor Coleridge, *Confessions of an Inquiring Spirit* (Philadelphia: Fortress, 1988), 22.

나라입니다. 따라서 성경은 하나님의 언약의 성취자이자 앞으로 다시 오실 예수 그리스도 중심적으로 해석되어야 합니다.

셋째, 성경은 부분적이 아니라 총체적으로 해석되어야 합니다. 즉, 성경은 일관성, 통일성의 관점에서 해석되어야 합니다. 나무는 보면서 숲을 보지 못하는 오류를 피하기 위해 특정 부분만 중심으로 해석하기보다는 성경 전체의 맥락에서 각 부분들이 해석되어야 하며, 또한 각 부분들의 해석을 통하여 전체적인 의미를 파악하는 총체적 해석이 되어야 합니다.

넷째, 다양하고 철저한 연구를 통하여 성경의 저자가 말하는 본래 의미를 파악하고자 노력해야 합니다. 성경 본문의 원어 분석, 성경 기자의 문체와 양식 분석, 당시의 역사적, 사회적 상황에 관한 철저한 연구 분석을 통하여 저자가 의도한 본래의 의미를 찾고자 노력해야 합니다.

다섯째, 성경을 오늘날의 상황에 바르게 적용하여 해석해야 합니다. 성경은 과거의 산물이 아니라 오늘날 우리에게 주시는 살아 계신 하나님의 은혜의 말씀입니다. 따라서 성경 해석의 진정한 목표는 단순히 성경 본문을 해석하는 것이나 성경 기자가 의도한 본래의 의미를 밝히는 것이 아니라 오늘날 우리를 변화시키는 것입니다. 바른 성경 해석은 오늘날 사회적, 문화적, 종교적 상황에 민감해야 하며 우리를 실제적인 변화와 실천으로 이끄는 것이어야 합니다.

무엇보다도 우리가 기억해야 할 점은 종교개혁자 칼빈(Jean Calvin, 1509~1564)이 강조했던 것처럼, 성경을 바르게 해석하는 것은 성령 하나님의 조명하심이 없이는 불가능하다는 것입니다. 주님은 우리에게 "귀 있는 자는 들을지어다"(마 11:15)라고 말씀해 주셨습니다. 우리는 겸허한 마음과 기도하는 마음으로 성령께서 하나님의 말씀을 들을 수 있는 귀를 주시라고 먼저 간구해야 합니다. 이것이 바른 성경 해석의 첫걸음이라 할 수 있습니다.

일곱 번째 날
성부 하나님의 이름

우리는 흔히 처음 만나는 사람들과 인사할 때, 서로 이름을 나누거나 자신의 이름과 연락처가 적힌 명함을 건네곤 합니다. 서로의 이름을 아는 것은 매우 중요합니다. 서로의 이름을 앎으로 서로에 대한 관심이 깊어지고 깊은 대화도 나눌 수 있기 때문입니다. 언젠가 강철왕 카네기는 성공의 가장 기본적인 비결을 남의 이름을 잘 외우는 것이라고 말했습니다.

하나님께서도 성경을 통하여 우리에게 자신의 이름을 밝혀 주셨습니다. 물론 하나님을 부르고 묘사한 여러 가지 명칭들이 있지만 오늘은 가장 중요한 네 가지 이름을 살펴보고자 합니다. 이 이름들을 이해함으로 우리는 하나님에 대한 더욱 깊은 이해를 도모할 수 있을 것이라고 생각합니다.

첫 번째로 창세기 1장 1절에서 하나님의 이름을 히브리어로 '엘로힘'(Elohim)[1]이라고 말하고 있습니다. 본래 이 뜻은 '능력' 또는 '강함'이라는 뜻의 히브리어에서 온 것인데, '강한 자'라는 의미로 번역될 수 있습니다. 또는 아랍어의 어근과 관련시켜 보면, 이는 '앞으로 나선 자'라는 의미로서 '지도자' 또는 '통치자'라는 의미가 됩니다. 따라서 이 '엘로힘'이란 이름은 창조주로서의 위엄과 만물의 통치자 되시는 하나님에게 매우 적합한 이름이라고 할 수 있습니다.

두 번째로 하나님의 이름은 '여호와'(Yehowah) 혹은 '야훼'(Yahweh)로 밝히고 계십니다. 이스라엘의 하나님을 부르는 고유명사인 이 이름의 정확한 어원이나 의미는 명확히 알려져 있지 않지만, 흔히 출애굽기 3장 14절에 기록되어 있는 "나는 스스로 있는 자이니라"의 의미를 가진 것으로 추정됩니다. 이 이름은 곧 영원하신 하나님의 불변성과 아무 존재나 환경에 의지하지 않으시는 무제약자(the Unconditional)로서의 하나님을 잘 표현하는 이름이라 할 수 있습니다.

세 번째로 우리에게 주시는 하나님의 이름은 '아도나이'(Adonay)

---

[1] 여기서 하나님을 표현하는 '엘로힘'(Elohim)은 복수이고 단수는 '엘로하'(Eloha)입니다. 한 가지 재미있는 사실은 구약에 나타나는 하나님을 칭하는 말은 본질적으로 복수형으로 되어 있다는 것입니다. 하나님을 표현할 때 복수형을 사용한 이유로 어떤 학자들은 삼위일체의 하나님을 표현하는 것이라고 주장합니다. 그러나 다른 학자들은 하나님의 완전함과 충만함을 나타내기 위한 표현으로 해석합니다. '엘로힘'이 사용되는 용법이나 어원에 비추어 생각해 볼 때는 후자가 더 설득력 있는 것이 아닌가 생각됩니다.

라는 이름입니다. 이 이름은 '여호와' 나 '야훼' 라는 하나님의 고유한 이름을 직접 부르는 것을 두려워한 유대인들이 하나님의 이름을 대신해서 부르던 이름인데 '나의 주' 라는 의미를 가지고 있습니다. 우리의 순종과 의뢰함을 나타낼 때, 그리고 우리가 믿고 따를 대상이 되시는 하나님을 고백하는 명칭입니다. 우리의 존경과 순종의 대상이 되시는 하나님을 잘 표현하는 이름이라 할 수 있습니다.

마지막으로 예수님께서는 우리에게 또 다른 하나님의 이름을 가르쳐 주셨습니다. 신약성경에서 하나님을 이 명칭으로 부르는 것이 265회나 나오는데 그 이름은 바로 '아버지'입니다. 주님께서는 하나님께서 우리의 아버지시라고 말씀해 주셨습니다. 앞서 우리가 살펴보았던 것처럼 하나님과 우리 사이에는 너무나 큰 질적 차이가 존재합니다. 그러나 주님께서는 너무나 큰 상호간의 격차와 다름에도 불구하고, 하나님께서 우리의 아버지시라고 말씀하십니다. 이것이 우리에게 얼마나 큰 은혜요, 복음인지 모릅니다.

옛날 유대인들은 하나님의 이름을 부르면서 두려워했습니다. 하나님의 이름이 너무 거룩해서 '야훼'라는 하나님의 이름에 대한 글자는 있었지만 그 글자를 부르지 않다 보니 부르는 음가를 잊어버리기도 했습니다. 전승에 따르면, 성경을 옮겨 적을 때 '여호와'나 '야훼'라는 글자가 나오면 하늘을 쳐다보고, 목욕을 하고, 붓을 깨끗하게 빨고서야 그 이름을 적었다고 합니다.

그러나 주님께서는 하나님이 우리의 아버지이시라고 말씀하십니다. 여기서 아버지라는 말은 어려운 관계를 의미하는 단어가 아닙니다. 예수님께서 말씀하신 아버지라는 말, 아람어 '압바'를 헬라어로 기록한 '아바'(abba)라는 말은 '아빠'라는 말입니다. 집에 아버지가 오면 어린아이가 '아빠!' 하고 부르며 달려가 안길 때 쓰는 말이 바로 예수님께서 가르쳐 주신 하나님에 대한 친근한 호칭입니다.

우리는 분명 하늘에 계시는 하나님을 경외해야만 하고 두려워해야만 합니다. 그러나 그분께서는 단지 두렵고 떨리는 분만이 아니십니다. 또한 우리의 아버지이십니다. 우리의 아버지 되시는 것을 그 무엇보다 기뻐하시는 분입니다. 따라서 하나님께서는 우리가 두려워하고 무서워하는 마음으로 그분을 경외하기보다 사랑의 마음으로 그분을 섬기길 원하십니다.

사도 바울은 이렇게 말합니다. "너희는 다시 무서워하는 종의 영을 받지 아니하고 양자의 영을 받았으므로 우리가 아빠 아버지라고 부르짖느니라"(롬 8:15). 하나님께서는 우리가 종의 마음으로 살아가는 것을 원하지 않으십니다. 우리가 그분의 아들, 딸로서 살아가기를 원하십니다.

이 얼마나 큰 위로가 되는지 모릅니다. 우리를 창조하신 그 창조주께서, 놀랍고 강한 능력을 가지신 하나님께서, 두려운 통치자나 무서운 주인이 아니라 우리의 아버지가 되신다는 사실은 우리로 하여금 하나님과 더욱 친밀한 만남을 가능하게 하며, 그분을 더욱 깊이 사랑하고, 믿고, 의지할 수 있는 근거가 됩니다.

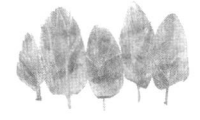

여덟 번째 날

성부 하나님의 속성
(비공유적 속성 1)

오늘은 성경이 말하는 하나님의 성품과 속성에 대해서 살펴보고자 합니다. 하나님을 바로 이해하기 위해서는 그분의 속성에 대하여 바로 이해할 필요가 있습니다.

흔히 신학에서는 하나님께서 가지신 속성을 두 가지로 구분합니다. 어떤 피조물이나 영적 존재도 소유할 수 없는, 오직 하나님께서만 가지신 속성을 '비공유적'(incommunicable) 속성이라고 부르고, 우리 인간들이 하나님과 함께 공유하고 있는 속성을 '공유적'(communicable) 속성이라고 부릅니다. 비공유적 속성에는 편재성(遍在性), 전지성(全知性), 전능성(全能性) 그리고 불변성(不變性)이 있는데, 먼저 오늘은 편재성과 전지성을 살펴보고자 합니다.

편재하신 하나님(Omnipresent God)

우리는 흔히 하나님을 '무소부재'(無所不在)하신 하나님이라고 부르곤 합니다. 이 말은 하나님께서 존재하시지 않는 곳이 없다는 의미입니다. 이러한 하나님의 속성을 하나님의 편재성이라고 합니다. 영이신 하나님께서는 우주에 충만하시고 계시지 않은 곳이 없습니다. 선지자 예레미야는 이렇게 고백합니다.

> "여호와의 말씀이니라 나는 가까운 데에 있는 하나님이요 먼 데에 있는 하나님은 아니냐 여호와의 말씀이니라 사람이 내게 보이지 아니하려고 누가 자신을 은밀한 곳에 숨길 수 있겠느냐 여호와가 말하노라 나는 천지에 충만하지 아니하냐"(렘 23:23-24).

영이신 하나님께서는 어디에나 계시는 분이기에, 성전 안에서만 만나 뵐 수 있는 것이 아니라 사막이나 시베리아 벌판이나 바닷속이나 그 어느 곳에서도 하나님을 만나 뵐 수 있습니다.

이러한 하나님의 편재성은 우리에게 큰 위로가 됩니다. 하나님께서는 늘 우리와 함께 계심을 증거하기 때문입니다. 기쁠 때나 슬플 때, 건강할 때나 병들었을 때, 홀로 멀리 떨어져 아무도 없다고 생각하던 장소에서도 하나님을 만나 뵐 수 있습니다.

그런데 왜 우리는 이처럼 늘 우리와 함께 하시는 하나님을 느끼지 못하고 살아가는 것일까요?

높은 산에서 조난을 당한 사람에게 한 기자가 "가장 두려운 것은 무엇이었습니까?"라고 물었을 때 그들은 "통신이 두절된 것입니다"라고 답했다고 합니다. 왜 그들은 먹고 마실 것이 떨어져 가는 것이나 곰이나 늑대와 같은 야생동물의 위협보다 '통신 두절'을 더 두려운 일로 답한 것일까요? 통신이 두절된다는 것은 더 이상 그들에게 구조될 희망이 없다는 것을 의미하기 때문입니다.

우리 역시 하나님과의 통신이 두절될 수도 있습니다. 그러나 이것은 하나님의 책임이 아닌 우리의 책임입니다. 무전기를 가졌다고 해서 통신이 되는 것이 아니라 채널을 맞추어야 통신이 되는 것처럼, 라디오를 가졌다고 방송을 들을 수 있는 것이 아니라 주파수를 맞추어야 하는 것처럼, 우리 역시 하나님의 채널이나 주파수에 맞추어야만 그분을 경험하며 살아갈 수 있습니다. 바로 말씀과 기도로 간절히 그분을 갈망할 때 그분의 임재를 느끼며 살아갈 수 있습니다. 하나님은 항상 생방송(On Air) 중이심을 그분의 편재성이 증서하고 있습니다.

전지하신 하나님(Omniscient God)

물론 사실인지는 알 수 없지만, 전해 오는 이야기에 따르면, 공자가 노(魯)나라를 떠돌던 어느 날 매우 비범한 한 소년을 만났고 합니다. 공자는 그 소년을 제자로 삼고 싶은 마음이 들어 그에게 자신과 함께 세상을 바로잡을 꿈을 꾸자고 이야기했습니다. 그러나 그 소년은 이렇게 거절했습니다. "무엇하러 세상을 바로잡습니까? 산을 평평히 하면 새들이 둥지를 잃습니다. 호수를 메우면 물고기가 살 곳이 없어집니다!" 공자가 물러나지 않자 소년은 다시 이처럼 물었습니다. "하늘에 별이 몇 개 있습니까?" "나는 내 눈앞에 있는 것에 대해서만 이야기할 수 있다." "그럼 선생님 눈썹에는 털이 몇 올 있습니까?" 결국 공자는 아무 말도 하지 못하고 그 소년을 보냈다고 합니다.

이것이 인간이 가진 지식의 한계입니다. 우리는 스스로 많은 것을 알고 있다고 생각하지만 실상 모르는 것이 정말로 많습니다. 너무 먼 것도, 그리고 너무 가까운 것도 알지 못하는 것이 바로 인간입니다. 더 나아가 1분 1초, 단 한 치 앞의 미래도 볼 수 없는 것이 바로 인간의 지식입니다.

지상에서 가장 지혜가 출중했던 사람인 솔로몬은, 인간이 자신의 지혜로움을 자랑하고 의지하는 것이 얼마나 부질없는 일인가에 대하여 이렇게 말하고 있습니다.

"너는 내일 일을 자랑하지 말라 하루 동안에 무슨 일이 일어날지 네
가 알 수 없음이니라"(잠 27:1).

하지만 우리가 믿고 의지하는 하나님은 모르는 것이 하나도 없으십니다. 그리고 하나님의 지식은 단순히 현재의 일만이 아니라 과거와 미래에 속하는 모든 것을 아십니다. 이처럼 시공을 초월하여 모든 것을 다 아시는 하나님의 속성을 전지성이라고 부릅니다. 이사야 선지자는 이렇게 하나님의 전지성을 증거합니다.

"내가 시초부터 종말을 알리며 아직 이루지 아니한 일을 옛적부터 보이고 이르기를 나의 뜻이 설 것이니 내가 나의 모든 기뻐하는 것을 이루리라 하였노라"(사 46:10).

또 마태복음은 하나님의 전지성과 우리에 대한 그분의 관심을 이렇게 표현합니다.

"너희에게는 머리털까지 다 세신 바 되었나니"(마 10:30).

날마다 셀 수 없이 빠져나가는 머리카락까지도 다 세시는 하나님! 얼마나 시적인 표현인가요?

하나님께서는 이처럼 모든 것을 아시고 우리의 모든 것에 관심을 가지시며, 우리의 작은 신음에도 응답하십니다. 하나님이 모든 것을 아신다는 사실은 우리에게 큰 위로와 소망을 줍니다.

사람들은 때때로 편견 때문에, 오해 때문에, 거짓 증거들 때문에 우리를 오해하고 비난할 수도 있습니다. 그러나 설사 아무도 우리를 믿어주지 않는 상황에서도 하나님께서는 모든 것을 알고 계시며 믿어 주신다는 사실을 믿는다면, 우리는 전지하신 하나님을 통해 참 위로를 받을 수 있습니다.

아홉 번째 날

성부 하나님의 속성
(비공유적 속성 2)

오늘은 오직 하나님께서만 가지신 속성인 '비공유적'(incommunicable) 속성 중 전능성(全能性)과 불변성(不變性)을 살펴보고자 합니다.

전능하신 하나님 (Omnipotent God)

하나님은 스스로 전능하신 하나님이심을 밝히셨습니다. 창세기 17장 1절에서 하나님은 아브라함에게 "나는 전능한 하나님이라 너는 내 앞에서 행하여 완전하라"고 말씀하십니다. 여기서 '전능한 하나님'인 히브리어 단어 '엘 샤다이'(El Shaddai)는 물론 문자적으로 '스스로 원하시는 것은 무엇이든 다 하실 수 있는 하나님'을 의미합니다. 하지만 한 가지 유의해야 할 점은, 하나님의 전능성이란 아무

것이나 다 하실 수 있다는 것을 의미하지는 않는다는 사실입니다. 우리는 하나님께서 자신의 성품과 어긋나는 일을 하시지 않는 분이심을 기억해야 합니다.

예를 들어 하나님께서는 진실하고 거룩하신 하나님이십니다. 따라서 진실하신 하나님께서는 거짓을 말하실 수 없으며, 거룩한 하나님께서 죄를 지으실 수 없습니다. 또한 하나님께서는 영원하신 하나님, 처음과 나중이신 하나님이시기에 스스로 자신의 존재를 부정하실 수도 없습니다. 즉, 스스로 소멸하시거나 사라지게 하실 수 없다는 것입니다.

따라서 전능하신 하나님의 개념은 단순히 모든 것을 다 할 수 있는 하나님의 능력을 의미하는 것이 아닙니다. 우리의 생명의 근원이 되시고 복과 은혜의 근원이 되시는 하나님에 관한 표현임과 동시에 우리의 삶의 모든 부분이 그분의 손에 달려 있음을 고백하는 신앙적 표현입니다.

많은 그리스도인들은 하나님이 전능한 하나님이시기에 우리의 기도를 모두 들어 주시리라 생각하지만 실상 이것은 매우 비성경적인 생각입니다. 성경은 하나님께서 들어 주시는 기도의 조건에 대하여 분명하게 밝히고 있습니다. 사도 야고보는 정욕을 위한 간구는 구하여도 받을 수 없음을 분명히 말하고 있고(약 4:3), 사도 요한은 응답받는 기도의 조건으로 "너희가 내 안에 거하고 내 말이 너희 안에 거하면"(요 15:7), 즉 하나님의 뜻에 합당한 간구여야만 한다고 말합니다.

하나님께서 우리에게 약속하시는 것은 안정된 삶의 여건이나 병으로부터 자유로운 건강한 육신이 아닙니다. 하나님께서는 우리에게 부를 주실 수도 있지만 주시지 않을 수도 있습니다. 하나님께서는 우리에게 건강을 주실 수도 있지만 주시지 않을 수도 있습니다. 하나님께서는 우리의 삶을 형통하게 하실 수도 있지만 고난의 길을 걷게 하시기도 합니다. 하나님께서 우리에게 약속하시는 것은 무조건적으로 형통한 삶이 아니라 도리어 어떠한 삶의 어려움이나 고난이라도 능히 극복할 수 있는 삶의 능력입니다. 그리스도교 신앙의 의미와 능력은 바로 거기에 있는 것입니다.

불변하신 하나님 (Immutable God)

야고보서 1장 17절은 하나님의 불변성을 이렇게 묘사합니다.

> "온갖 좋은 은사와 온전한 선물이 다 위로부터 빛들의 아버지께로부터 내려오나니 그는 변함도 없으시고 회전하는 그림자도 없으시니라."

하나님의 비공유적 속성 중 하나인 하나님의 불변성은 다른 비공유적 속성들과는 다르게 이견(異見)과 논쟁(論爭)의 대상이 되어왔습니다. 어떤 이들은 하나님께서는 분노하시기도 후회하시기도 하는 감정을 지니신 분임을 들어 불변성의 논리적 모순을 지적하였고, 또 어떤 이들은 성자 하나님께서 인간이 되실 수 있었다는 점을 들어 존재의 불변성에 관하여 의심하였습니다.

그러나 한 가지 우리가 기억해야 할 것은, 여기서 말하는 하나님의 불변성이란 아무런 감정적 변화가 없는 무감정이나 혹은 아무런 움직임이나 변화가 없는 무동성(無動性)을 의미하는 것이 아니라는 사실입니다. 그보다 하나님의 불변성을 통하여 그리스도교 신앙이 말하고자 하는 것은, 하나님께서는 영원한 하나님이시며, 또한 그분의 본질(능력, 성품 그리고 의지)과 언약이 변하지 않는다는 것입니다.

흔히 우리가 "화장실에 들어갈 때와 나올 때가 다르다"라고 말하는 것처럼 사람들은 자신의 필요에 따라 말이나 마음을 바꾸는 경우가 있습니다. 이러한 사람의 성품을 중국에서는 조석변(朝夕變)이라고 표현합니다. 즉, 아침과 저녁이 다르다는 것입니다.

인간의 삶에 있어서 개인이나 공동체를 막론하고 가장 중요한 가치 중의 하나는 신의(信義)라 할 수 있습니다. 신의는 상호간에 약속을 믿을 수 있게 하는 가장 중요한 가치입니다. 하지만 어떤 인간의 약속도 완전히 신뢰할 수는 없습니다. 사람은 누구나 변할 가능성을 가지고 있기 때문입니다. 인간의 약속을 신뢰할 수 없는 가장 큰 이유 중의 하나는 인간이 가진 본성적인 한계(죄와 약함으로 인한) 때문입니다. 예전에는 참 선했던 사람이 정말 악하게 변하는 경우도 있으며, 참 순수했던 사람이 타락하기도 하고, 정의롭던 사람이 사회의 불의에 순응하는 겁쟁이가 되기도 합니다.

인간의 약속을 신뢰할 수 없는 또 다른 이유는 바로 인간의 무능력 때문입니다. 인간은 전지하지도 전능하지도 않기 때문에 아무리 약속을 지키고 싶어도 지킬 수 없는 한계 상황(천재지변, 건강의 악화,

사업의 실패 등과 같은)에 직면할 수 있습니다.

　하나님의 불변성 역시 우리에게 큰 위로가 됩니다. 인간의 약속은 고의적이든 아니면 어쩔 수 없는 상황에서든 깨어지기 쉬우나 하나님의 약속은 변하지 않기 때문입니다. 하나님의 약속은 우리가 완전히 신뢰할 수 있습니다. 왜냐하면 하나님은 한 번 하신 약속은 분명히 지키시는, 처음이나 나중에나 변하지 않는, 불변하는 하나님이시기 때문입니다. 우리의 하나님께서는 어제, 오늘 그리고 내일도 변함이 없는 하나님이십니다. 이 하나님을 어찌 의지하지 않을 수 있겠습니까?

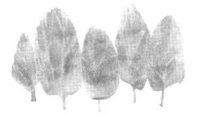

열 번째 날

성부 하나님의 속성
(공유적 속성 1)

하나님과 우리가 함께 공유하고 있는 속성을 우리는 '공유적 속성'(communicable attributes)이라고 부릅니다. 대표적인 공유적 속성으로는 거룩성(성결), 사랑, 공의(정의) 그리고 진실성(진리) 등이 있는데, 이 시간에는 거룩성과 사랑에 관하여 살펴보려 합니다.

거룩하신 하나님(The Holy God)

성경은 하나님을 거룩하신 하나님이라고 말합니다. 사도 베드로는 하나님의 거룩성을 이렇게 증거합니다.

"오직 너희를 부르신 거룩한 이처럼 너희도 모든 행실에 거룩한 자가

되라 기록되었으되 내가 거룩하니 너희도 거룩할지어다 하셨느니
라"(벧전 1:15-16).

'거룩한 하나님' 이라는 표현은 하나님께서 모든 악이나 죄와 관계가 없으시다는 것을 의미합니다. 다시 말해, 하나님께서는 어떠한 불결함이나 더러움에서도 떠나 계시다는 것입니다. 왜 아담과 하와는 에덴 동산에서 쫓겨나야만 했을까요? 죄로 더럽혀진 그들이 더 이상 거룩하신 하나님과 직접적인 사귐을 가질 수 없었기 때문입니다. 하나님은 거룩한 하나님이시고 그분이 거하시는 곳은 성결한 곳입니다. 그러므로 거룩함을 잃어버린 그들은 더 이상 에덴동산에 머물 수 없었던 것입니다.

물론 우리는 죄인이지만 하나님의 거룩성이 우리에게 어느 정도는 남아 있습니다. 그러한 이유로 우리는 거룩성을 하나님과 우리가 공유하는 공유적 속성 중 하나라 여기는 것입니다. 18세기 세계적인 철학자 임마누엘 칸트(Immanuel Kant)는 인간에게 남아 있는 거룩성의 흔적을, 인간이 죄를 지었을 때 느끼는 죄책감, 즉 '양심'(conscience)으로부터 찾았습니다.

하지만 이렇게 조금 남아 있는 거룩성으로는 하나님과 사귈 수 없고 그분께 가까이 갈 수도 없습니다. 아무리 우리가 하나님의 계명이나 율법을 지켜 하나님 앞에서 거룩하고자 노력한다 할지라도 우리는 결코 하나님 앞에 거룩한 모습으로 설 수 없습니다. 연약한 인간은 하나님의 모든 율법을 지킬 수도 없을 뿐더러, 율법은 비록 그

것을 어겼을 때에 받을 형벌의 두려움을 통해 우리의 행동을 통제할 수는 있을지라도 우리의 내면을 거룩하게 만들 수 없기 때문입니다.

바로 이것이 사도 바울이 말한 "그러므로 율법의 행위로 그의 앞에 의롭다 하심을 얻을 육체가 없나니 율법으로는 죄를 깨달음이니라"(롬 3:20)의 의미입니다. 거룩성은 오직 은혜로만 얻을 수 있습니다. 바로 그리스도께서 죄인인 우리를 위하여 죽으심으로 우리가 거룩함을 입게 되었고, 주님의 십자가를 통해 우리는 하나님과 사귐을 가질 수 있게 된 것입니다.

물론 예수 그리스도를 믿는 것이 우리에게 전혀 새로운 어떤 거룩성을 심어 주는 것은 아닙니다. 죄인이던 우리가 모든 유혹과 죄악으로부터 갑자기 떠나 완전한 성인이 되는 것도 아닙니다. 우리는 여전히 행실에 있어서, 영혼에 있어서 죄인의 모습으로 살아갑니다. 그럼에도 불구하고 하나님께서는 예수 그리스도의 보혈의 공로로 인하여 우리를 자녀 삼아 주십니다. 우리의 거룩성 때문이 아니라 그리스도의 거룩성 때문에 우리를 거룩하다 부르시는 것입니다.

사랑의 하나님 (The Loving God)

흔히 기독교를 사랑의 종교라고 부르곤 합니다. 그 이유는 사랑은 하나님의 하나의 성품일 뿐만 아니라 하나님 자신이 사랑이시기 때문입니다. 요한일서 4장 8절에서 사도 요한은 이렇게 말합니다.

"사랑하지 아니하는 자는 하나님을 알지 못하나니 이는 하나님은 사랑이심이라."

고대 그리스인들은 사랑을 다섯 가지로 구분했습니다. 먼저 '에피티미아'(epithymia)는 물질이나 권력에 대한 사랑, 즉 욕망을 의미합니다. 그리고 혈육 간 또는 가족 간의 사랑은 '스토르게'(storge), 이성간의 사랑이나 인간적인 사랑은 '에로스'(eros)라 불렀습니다. 또한 인간으로서 할 수 있는 가장 위대한 사랑은 '필리아'(philia)라고 불렀습니다. 예를 들어, 철학이라는 말인 Philosophy는 사랑을 의미하는 'Philia'와 지혜를 의미하는 'Sophia' 두 단어의 합성어로, 지혜에 대한 사랑을 의미합니다.

마지막으로 가장 숭고하고 고귀한 사랑을 '아가페'(agape)라고 불렀는데, 이 사랑은 무조건적인 사랑 또는 자신을 내어줌으로써 남을 살리는 사랑을 뜻합니다. 그리스인들은 아가페의 사랑은 인간의 능력으로는 할 수 없는 사랑이라고 생각하여 '신적인 사랑'(divine love)이라 부르곤 했습니다.

하나님께서 우리에게 원하시는 사랑은 무엇일까요? 바로 아가페의 사랑입니다. 하나님께서 자신의 독생자를 내어주셨을 만큼 우리를 무조건적으로 사랑하셨던 것처럼, 우리 역시 그분을 무조건적으로 사랑하기를 바라십니다. 그러나 연약하고 죄인인 우리가 이러한 아가페의 사랑을 실천한다는 것은 불가능한 일입니다.

그래서 20세기 세계적인 윤리신학자인 라인홀드 니부어(Reinhold Niebuhr)는 이러한 아가페의 사랑을 '불가능한 가능성'(impossible possibility)이라고 불렀습니다.[1] 하지만 하나님께서는 부족한 우리의 사랑 고백을 받아 주십니다. 예수 그리스도 안에서 부족한 우리의 사랑의 고백을 아가페의 사랑 고백으로 받아 주시는 것입니다.

그러나 우리는 단지 예수 그리스도 안에서 거룩한 존재요, 사랑의 존재가 된다는 것에서 만족해서는 안 됩니다. 은혜로써 거듭난 우리, 주님을 따르는 우리는 우리 안에 있는 이 거룩성과 사랑의 흔적들을 발전시켜야만 합니다. 마음속으로도 그리고 생활에서도 새로운 변화가 뒤따라야 합니다.

프랑스 격언에 이런 말이 있습니다. "사랑은 언제나 한층 더 깊어지거나 아니면 식어간다. 결코 제자리에 머물러 있을 수 없다." 분명 사랑은 노력하지 않으면 식고 맙니다. 항상 제자리에 머물러 있을 수 없습니다. 학생이 성적을 올리는 일은 매우 어려운 일입니다. 밤낮으로 잠을 깨우며 공부해야 조금씩이라도 성적을 올릴 수 있습니다. 그러나 성적을 떨어뜨리는 것은 무척 쉽습니다. 그냥 아무것도 안 하고 가만히 있으면 놀랄 만큼 빠른 속도로 성적은 떨어집니다.

아름다운 정원을 가꾸는 것은 매우 힘든 작업입니다. 잡초를 뽑아 주고, 가위로 가지들도 쳐 주고, 물도 충분히 주는 등 매우 세심한 노력들이 필요합니다. 그러나 아름다운 정원을 망치는 것은 너무나 쉽습니다. 가만히 내버려두면 어느 순간 거미줄과 벌레들로 가득하여

---

[1] 니부어에 의하면, 아가페의 사랑은 일반적으로 인간이 행하는 상호적 사랑을 고무시킴과 동시에 세상의 모든 상호적 또는 상대적인 사랑을 평가하는 궁극적인 규범으로 존재한다는 측면에서 역사 내의 가능성을 가집니다. 그러나 그와 동시에 역사에서 완전히 실현될 수 없는 초역사적인 것이기에 또한 불가능성을 가지는 것입니다(Reinhold Niebuhr, *An Interpretation of Christian Ethics* [New York: Harper, 1963], 71).

보기 흉한 정원이 될 것입니다.

   거룩성과 사랑 역시 우리가 끊임없이 노력할 때에야 비로소 우리의 삶 가운데 그 빛을 발할 수 있습니다. 우리는 우리 안의 거룩성과 사랑을 키워나가기 위해 어떠한 노력을 하고 있습니까?

열한 번째 날

성부 하나님의 속성
(공유적 속성 2)

오늘은 하나님과 우리가 함께 공유하는 공유적 속성들 중 공의(정의)와 진실성(진리)에 관하여 살펴보려 합니다.

공의로우신 하나님(The Righteous God)

성경은 하나님을 공의로우신 또는 정의로우신 하나님이라고 증거합니다. 선지자 이사야는 이사야서 30장 18절에서 이렇게 하나님의 공의로우심을 고백하고 있습니다.

 "그러나 여호와께서 기다리시나니 이는 너희에게 은혜를 베풀려 하심이요 일어나시리니 이는 너희를 긍휼히 여기려 하심이라 대저 여호와는 정의의 하나님이심이라 그를 기다리는 자마다 복이 있도다."

우리는 모든 일에 치우침이 없이 공정하고 올바르게 처리하는 것을 공의(公義) 또는 정의(正義)라고 정의합니다. 공의의 하나님께서는 선한 사람과 악인을 동등하게 다루지 않으십니다. 하나님께서는 분명 사람들의 의로운 행위를 사랑하고 복을 베푸시지만 그릇된 행위는 미워하고 정당한 대가를 치르게 하십니다.

하나님의 공의로우심을 드러내는 가장 대표적인 사건은 바로 예수 그리스도의 십자가 사건입니다. 어떤 이들은 "만일 하나님께서 사랑이시라면 왜 모든 사람들의 죄를 바로 용서하지 않으셨는가? 왜 그 아들을 십자가에 달려 죽게끔 하셨는가?"라고 의문을 던지곤 합니다. 이 질문에 대한 가장 적절한 대답은, 하나님은 사랑이심과 동시에 또한 공의로우신 하나님이시라는 사실입니다. 하나님께서는 분명 사랑의 하나님이시지만 동시에 공의로우신 하나님이심으로 죄와 불순종을 아무런 처벌 없이 용서하실 수 없으십니다. 하나님께서는 죄에 대한 분명한 책임을 요구하십니다.

예를 들어, 하나님께서는 다윗을 '내 마음에 합한 자' 라고 부르실 만큼 너무나 사랑하셨습니다. 그러나 그가 밧세바와 간음하여 장군 우리아를 죽게 만들었을 때, 하나님은 그로 하여금 자신의 죄에 대한 대가를 분명히 치르게 하셨습니다. 밧세바와의 사이에서 태어난 아이를 7일 만에 죽게 하셨고, "칼이 네 집에서 영원히 떠나지 아니하리라"라는 말씀처럼 골육상잔(骨肉相殘)의 비극이 다윗의 집안에서 끊이지 않게 하셨습니다(삼하 12:10).

하나님의 공의로우심을 이해하는 데 도움이 되는 한 이야기가 있습니다. 도덕적으로 타락하고 사회가 혼란한 어느 나라의 왕이 하루는 엄명을 내렸습니다. 누구든지 여자를 욕보이는 자는 두 눈을 뺄 것이라는 명령이었습니다. 그런데 왕자가 법을 어기고 첫 번째 죄인이 되어서 잡혀왔습니다. 신하들은 말합니다. "장차 왕이 될 왕자의 눈을 뺄 수 없으니 그냥 이번은 예외로 넘어가는 것이 어떻겠습니까?" 하지만 왕은 "만일 나부터 그 명령을 지키지 아니하면 누가 나의 명령을 지키겠느냐?"면서 백성들이 지켜보는 가운데 왕자를 끌어오게 하고 뜨거운 화로에 부젓가락을 달구어서 눈을 뽑으라고 명하였습니다. 백성들과 신하들이 통곡하는 가운데 왕자의 한쪽 눈을 뽑았습니다. 그런 후에 왕은 부모로서 사랑하는 아들의 두 눈을 다 뽑을 수 없으니, 나머지 한쪽은 자신에게서 뽑으라고 명하였습니다. 이로써 그 왕은 사랑과 공의를 동시에 나타낼 수 있었습니다. 그 후에 그 나라는 도덕적으로 올바른 나라가 되었다고 합니다.

하나님 역시 마찬가지이십니다. 비록 우리를 사랑하시지만 공의의 하나님으로서 죄에 대한 아무런 대가 없이 우리를 용서하실 수는 없으셨습니다. 그러나 동시에 그분은 우리를 영원한 죽음이라는 죄의 대가를 치르게 하실 수는 없으셨기에, 자신의 아들에게 우리의 모든 죄를 대신하게 하신 것입니다.

이처럼 하나님의 공의를 실천하는 것은 바로 하나님 나라의 백성된 우리 모두의 의무입니다. '나 하나쯤 이렇게 산다고 세상이 바뀌겠는가?' 이러한 생각은 세상에서 빛과 소금으로 살아가야 할 우리의 역할과 책임을 저해하는 무책임한 생각입니다. 설사 세상 모든 사람이 법을 어기고 잘못을 행하더라도, 우리 그리스도인들은 정직하게 공의를 실천하는 사람들이 되어야만 합니다.

진실하신 하나님(The Sincere God)

우리가 믿는 하나님께서는 진실하고 신실하신 하나님이십니다. 모세는 이스라엘 백성들에게 가르친 노래 중에서 하나님을 이렇게 찬양합니다.

> "그는 반석이시니 그가 하신 일이 완전하고 그의 모든 길이 정의롭고 진실하고 거짓이 없으신 하나님이시니 공의로우시고 바르시도다"(신 32:4).

흔히 영어로 편지를 쓸 때 우리는 편지의 말미에 'sincere' 라는 말을 쓰는데, 이 말은 라틴어에서 유래한 말로서 '대리석 조각품 중 땜질하지 않은 것' 이라는 의미를 가지고 있습니다. 즉, 꾸밈이나 거짓이 없는 순수한 것을 의미하는 말입니다. 가장 간단하게 진실 또는 신실을 정의해 보자면 겉과 속이 같은 상태, 즉 거짓이 없는 상태, 가식이나 외식이 없는 상태라 하겠습니다.

진실하게 살아간다는 것은 쉬워 보이나 실상 세상에서 가장 어려운 일입니다. 많은 사람들이 진실을 갈망하지만 진실하게 살지 못합니다. 상대방에게는 진실을 요구하지만 자신은 남을 속이면서 살아갑니다. 늘 스스로를 과대포장하며, 학력을 속이고, 경력을 속이고, 또한 마음을 속이며 살아갑니다. 결국 서로 속고 속이며 살아가는 것입니다.

그러나 겉과 속이 다르지 않게 살아간 단 한 분이 계십니다. 바로 살아 계신 우리 주님이십니다. 하나님의 불변성이라는 비공유적 속성에서도 살펴본 것처럼 하나님은 한 번 하신 말씀은 꼭 지키심으로 그 진실하심을 나타내십니다. 또한 그러한 이유로 우리가 신뢰할 수 있는 유일한 분이십니다. 따라서 우리는 주님 안에서 살아갈 때 진실해질 수 있습니다. 진리를 맛볼 수 있습니다. 진리를 알기에 과대포장하려 하지 않고, 진리를 알기에 과대포장에 속지 않을 수 있기 때문입니다.

우리는 주님 안에서 진리를 얻으며, 진리는 우리를 자유롭게 할 것입니다. 하나님의 형상으로 창조된 우리는 비록 타락했으나 진리에 대한 열정과 진실에 대한 갈망이 우리 안에 남아 있습니다. 이제 우리에게 주어진 과제는, 진리의 근원이 되시는 진실하신 하나님을 믿고 의지하며 우리 안에 있는 진리와 진실에 대한 갈망과 성품을 길러 나가는 것입니다.

열두 번째 날

성부 하나님의 사역
(창조)

하나님은 어떤 일을 하셨고 또 어떤 일을 하고 계실까요? 성경이 말하는 하나님의 사역들 중 가장 대표적인 사역이자 최초의 사역은 창조(Creation) 사역입니다. 성경의 가장 첫 구절은 하나님의 창조 사역을 말씀하고 있습니다.

"태초에 하나님이 천지를 창조하시니라"(창 1:1).

하나님의 말씀은 창조 사역으로부터 시작됩니다. 이 사실은 하나님의 천지창조에 대한 계시가 그리스도교 신앙의 출발점이요 가장 기초라는 것을 보여줍니다.

창조의 개념에 담긴 신앙적 강조점

창조라는 개념은 단순히 하늘과 땅을 만드시고 달과 별을 만드시는 등 역사의 시작과 더불어 하나님께서 행하신 하나의 놀라운 기적의 사건을 의미하기보다, 그보다 더 포괄적이며 깊이 있는 신앙적 의미들을 담고 있습니다. 다시 말해 창조는 단순히 하나님께서 행하신 하나의 사건이라기보다 하나님, 세계 그리고 인간간의 본질적인 관계를 설명해 주는 신앙적 개념이라는 것입니다.

첫째, 창조의 개념은 하나님의 권능, 주권 그리고 초월성을 강조합니다. 하나님께서는 세상을 자신의 의지와 작정하심에 따라 권능으로 주권적으로 창조하셨습니다. 그리고 우리를 비롯한 세상 만물은 모두 하나님의 창조의 사역을 통하여 생겨난 피조물들입니다. 하나님을 창조주로 그리고 세상 만물을 그분이 창조하신 피조물로 인정한다는 것은, 곧 하나님과 인간 사이에 그리고 하나님과 세계 사이에는 결코 동일시될 수 없는 존재론적인 차이가 있다는 것을 의미합니다. 즉, 하나님은 하나님이시고 우리는 단지 그분의 피조물인 것입니다. 20세기 최고의 신학자인 칼 바르트(Karl Barth)가 사용해서 유명해진 표현에 따르자면 "하나님은 하늘에 계시고 너는 땅에 있다!"[1]라는 언명이 의미하는 것이 바로 이것입니다.

둘째, 창조의 개념은 하나님에 대한 피조물들의 전적인 의존을 강조합니다. 우리의 존재와 생명은 우리가 임의로 선택한 것이 아니라 우리의 존재를 넘어서는 하나님으로부터 주어진 선물입니다. 다시

---

1) Karl Barth, *The Word of God and the Word of Man* (New York: Pilgrim Press, 1928), 206.

말하면, 하나님의 창조의 은혜가 없었다면 우리는 결코 이 세상에 태어날 수 없었다는 것입니다. 우리는 우리 스스로 태어날 시대를 선택할, 국적을 선택할, 신분을 선택할, 부모를 선택할 자유나 권한을 가지고 있지 않습니다. 우리가 태어난 그 순간부터 환경에 의존하고 하나님께 의존하며 살아갈 수밖에 없는 의존적인 존재임을 잊지 말아야 합니다.

셋째, 창조의 개념은 선한 창조를 강조합니다. 물론 하나님께서 창조하신 이 세계는 하나님의 전능성이나 영원성에 비추어 볼 때 유한한 세계이며, 일시적인 세계에 불과합니다. 세상 만물은 다 끝이 있으며 한계를 가지고 있습니다. 그럼에도 불구하고 하나님께서는 창조의 과정들을 마치실 때마다 "보시기에 좋았더라"고 말씀하셨습니다. 즉, 하나님의 창조는 선한 창조이심을 강조하고 있는 것입니다.

창조에 대한 현대과학의 도전들

무신론적 현대과학이나 철학은 하나님의 창조를 부인합니다. 우주의 기원에 관한 수많은 학설들이 있으나 대표적인 몇 가지를 소개하자면, 20세기 이후에 포기되고 있는 학설이지만 '성운설'이 있습니다. 이 이론은 높은 온도 상태에서 회전하던 성운이 중력에 의하여 수축되면서 중심 부분은 태양이 되고 그 주변에 많은 행성들이 생겼다는 것입니다.

또한 잘 알려진 '대폭발설'(Big Bang Theory)이 있습니다. 태양의 폭발과 함께 분출해 나간 가스가 식어가면서 응축되어 원심력과 중력의 영향을 받아 태양 주변에 많은 유성들이 생겨났다는 학설입니다. 이 학설은 허블의 우주팽창설과 결합하여 현대 우주학에서 가장 인정받는 이론이 되었습니다.

또한 인간의 생성에 관해서 창조를 부인하는 진화론이 있습니다. 물론 다양한 종류의 진화론들이 있지만 기본적으로 생물이 외부의 영향이나 내부의 성장 발전, 혹은 돌연변이 등을 통하여 하등동물로부터 고등동물로, 단순한 형태로부터 복잡한 형태로 진화해 왔다고 주장합니다.

우리는 여기서 이 모든 이론들이 가지고 있는 한계점들을 상세히 설명할 수는 없습니다. 그러나 한 가지 분명하게 지적할 점은, 이 모든 이론들은 단지 가설에 불과하다는 사실입니다.

성경은 모든 만물이 하나님의 창조사역의 결과임을 분명히 밝히고 있습니다.

> "만물이 그에게서 창조되되 하늘과 땅에서 보이는 것들과 보이지 않는 것들과 혹은 왕권들이나 주권들이나 통치자들이나 권세들이나 만물이 다 그로 말미암고 그를 위하여 창조되었고"(골 1:16).

성경은 하나님께서 태초에 천지를 만드셨다는 창조의 사역을 증명하려 하지 않습니다. 성경의 어느 구절에도 하나님의 창조 사역을 증명하려는 구절은 없습니다. 단지 선포할 뿐입니다. 하나님의 창조는 증명의 대상이 아니라 선포와 신앙의 대상인 것입니다.

바람직한 창조신앙

우리는 하나님의 창조 사역을 이해하는 데 있어서 세 가지 위험한 태도들을 피해야 합니다.

첫째, 신앙의 이름으로 과학을 배격하는 태도입니다. 우리는 이미 과학의 시대에 살고 있습니다. 따라서 신앙이라는 이름으로 과학적 발견과 성취를 억압하는, 성경적 제국주의(Biblical Imperialism)라 부를 수 있는 태도는 바람직한 태도가 아닙니다. 우리가 원하든 원하지 않든 우리는 이미 과학적 세계 가운데 살아가고 있습니다. 신앙이라는 이름으로 과학을 무시하거나 경시하는 것은 가능하지 않을 뿐 아니라 더욱 신학을 고립시키는 결과를 가져올 뿐입니다.

둘째, 과학과 합리적 사고의 이름으로 창조신앙의 내용을 억압하거나 부인하는 과학적 제국주의(Scientifical Imperialism) 역시 바람직하지 않은 태도입니다. 신앙은 인간의 이성이나 관찰과 경험의 영역을 넘어서는 신비이기 때문입니다.

셋째, 역사적 탐사나 과학기술을 이용하여 창조신앙을 증명해내고자 하는 시도 역시 위험성을 가지고 있습니다. 언뜻 이러한 시도는 신앙적인 시도로 보일 수도 있습니다. 그러나 실상 이러한 태도 역시 하나님의 창조라는 신비를 역사비평이나 과학기술을 통해 증명하려는, 즉 신앙의 영역에서 합리적 차원으로 격하하는 비신앙적 태도이기 때문입니다.

그렇다면 어떠한 태도가 바람직한 창조신앙의 태도일까요? 물론 쉽지 않은 일이겠지만, 신앙과 과학이 서로 열린 마음으로 상호이해를 도모하는 태도입니다. 다시 말하여, 신앙과 과학은 서로 다른 차원의 '담론'(discourse)이라는 것을 분명히 인식하는 것이 필요합니다. 따라서 상호간에 강제적인 억압이나 인위적인 종합을 이루려 하기보다, 서로간의 대화와 협력을 통해 깊은 이해를 도모하려는 태도를 갖는 것이 필요합니다. 그때 그리스도인들은 하나님의 창조에 대한 보다 구체적인 밑그림을 그려 볼 수 있으며, 현대 과학기술 역시 생명 지향적이고 미래지향적인 방향으로 나아갈 수 있을 것입니다.

열세 번째 날

성부 하나님의 사역
(섭리)

'무로부터 세상을 창조하신'(*ex nihilo*) 하나님의 창조를 말할 때, 이것은 단순히 과거에 일어난 한 가지 사건으로만 해석할 수 없습니다. 하나님의 창조 사건은 과거의 사건만이 아니라 현재의 사건이고, 또한 미래의 사건이기 때문입니다. 세상을 창조하신 하나님은 지금도 역사하셔서 세상을 다스리시고 창조의 목적을 이루어 가고 계십니다. 이러한 점에서 하나님의 창조의 사역은 하나님의 섭리의 사역과 밀접한 연관을 가지고 있습니다.

섭리의 정의

'섭리'(providence)라는 용어는 성경에서 명시적으로 발견되지는 않습니다. 그러나 성경에는 섭리에 대한 가르침이 분명하게 나타나 있는 것 또한 사실입니다. 이 용어는 '선견지명이 있다' 라는 의미의 헬라어인 '프로노이아'(prononia, 롬 13:14)의 라틴어 표현인 '프로비텐티아'(providentia)에서 유래하였습니다. 본래 '예지'(prescience)나 '선견'(foresight)이라는 의미를 가지고 있던 이 단어는 점차적으로 다른 의미를 갖게 되었습니다. 즉, 하나님께서 예정하신 목적에 이르도록 당신의 모든 피조물을 보존하시고, 다스리시는 하나님의 지속적이고 계속적인 사역을 의미하게 된 것입니다. 다시 말하여, 섭리는 창조 이후에 우리를 내버려두지 않고 지속적으로 간섭하고 인도하시는 하나님의 사역을 의미합니다.

흔히 많은 사람들은 '섭리' 라는 단어를 '작정'(decree)이나 '예정'(predestination)과 같은 용어들과 혼동하곤 합니다. 실상 섭리라는 용어는 작정이나 예정과 같은 용어들과 밀접하게 연결되어 있기에 서로 명확하게 구분하기는 어렵습니다. 그러나 각각의 강조점에 따라 이들을 구별해 볼 수는 있습니다.

섭리가 신실하신 하나님의 지속적인 행위, 즉 피조물의 계속적 창조(creatio continua)를 강조하는 보존(preservation), 통치(government) 그리고 협력(concurrence)을 강조한다면[1], 하나님의 예정은 장차 일어날 것을 영원으로부터 주권적으로 결정하시며, 또한 당신의 예정된

---

[1] 대다수의 현대 개혁주의 신학자들은 섭리의 내용으로 ① 피조물의 존재를 보존하시는 '보존', ② 피조물을 다스리시는 '통치', 그리고 ③ 세상의 모든 것과 협력하여 목적을 이루어 가시는 '협력'을 이야기합니다. 이 중 협력의 교리는 하나님을 제1원인(causa prima)로 그리고 인간을 제2원인(causa secundae)로 봅니다. 즉, 인간은 단지 수동적인 존재가 아니라 능동적으로 하나님의 사역에 참여하는 존재임을 강조하는 것입니다.

계획에 따라 모든 피조물들을 이끌어 가시는 하나님의 주권(the sovereignty of God)을 강조합니다. 그리고 하나님의 작정은 자신의 예정대로 이끌어 가시는 하나님의 의지적인 측면을 강조합니다.

그러나 일반적으로 예정은 흔히 좁은 의미(구원론적으로)에서 선택된 자와 유기된 자를 결정하셨다는 이중구원론으로 이해되곤 합니다. 예정에 관하여서는 앞으로 살펴볼 구원론에서 다루는 것이 더 타당할 것입니다.

그리스도교 섭리론이 배격하는 사상들

그리스도교가 강조하는 섭리의 교리는, 모든 것은 운명에 의해 결정된다는 운명론적 결정론(Fatalistic Determinism)이나 인본주의적 자유론(Humanistic Understanding of Freedom)을 배격합니다.

운명론적 결정론은 세상의 모든 세세한 일 하나하나까지도 다 하나님의 계획하시는 예정 안에서 이루어진다고 생각하는 극단적인 견해를 의미합니다. 이러한 운명론적 결정론은 무척이나 위험합니다. 왜냐하면 이것은 인간을 단지 기계의 부품이나 꼭두각시 인형으로 만들어버리기 때문입니다.

만일 우리 삶의 사소한 것 하나하나까지 모두 하나님의 정해 놓으신 계획에 따르는 것이라면 필연적으로 우리의 말의 실수나 우리가 죄를 짓는 일도 하나님께서 시키신 일이 되고, 하나님은 죄를 짓게 만드시는 분이 될 것입니다. 분명 이는 하나님의 속성인 거룩, 공의, 사랑 등과 모순되는 결과를 가져오게 될 것입니다.

하나님의 섭리는 개인의 자유적 행동이나 인간 활동의 모든 동기를 제거하지 않습니다. 하나님의 형상을 따라 창조된 인간은 무대 위의 꼭두각시 인형과 같은 하찮은 존재가 아니기 때문입니다. 만일 운명론적 결정론이 불의한 영향력을 끼치는 방향으로 사용된다면 – 예를 들어 선민사상이나 신의 계시와 같은 형태로서 – 히틀러의 국가사회주의(NAZI)가 행한 것과 같은 인류의 비극이 또다시 재현될 수 있는 것입니다.

그리스도교의 섭리의 가르침은, 하나님의 예정을 극단적으로 강조하는 것이 하나님의 주권을 높이는 것이라고 오인하는 운명론적 결정론과 마찬가지로 하나님의 섭리를 부인하는 인본주의적 자유론도 배격합니다.

이러한 입장을 취했던 가장 대표적인 사람들로는 17세기 영국의 이신론자(Deist)들을 언급할 수 있는데, 이들은 하나님께서는 세상을 창조하신 후에 모든 만물들이 스스로 질서 가운데 움직일 수 있도록 자연 질서를 세우셨고, 어떠한 간섭도 하지 않으신다고 가르쳤습니다. 즉, 하나님께서는 창조 이후 인간들이 자기 자신의 선택에 따라 살도록 아무런 간섭도 하지 않으신다는 것입니다.

예를 들어, 시계는 일단 만들어진 후에 시계를 만든 사람과는 독립되어 존재하고 작동하므로 아무런 상관이 없다는 것입니다. 따라서 이신론자들은 하나님의 섭리를 배제하고 인간의 합리적인 능력과 결단을 역사와 가치를 창출하는 원동력으로 보았습니다. 만일 그들의 말이 사실이라면 우리는 기도할 필요가 없습니다. 왜냐하면 하나님께서는 우리의 기도를 듣지 않으시고, 또 설사 들으셔도 간섭하지 않으실 것이기 때문입니다. 이들에 따르면 하나님은 창조 이후 세상을 버려두시는 분입니다.

물론 우리는 어디까지 하나님께서 간섭하시고, 어디까지 인간의 자유에 맡겨 두시는지 섭리의 범위를 한정할 수 없습니다. 이것은 하나님의 신비의 영역이기 때문입니다. 그러나 한 가지 사실을 기억해야만 합니다. 섭리의 교리가 우리에게 말하고자 하는 강조점은, 하나님께서는 지금 이 순간도 우리 안에서 역사하시며 오늘도 우리는 그분의 은혜 안에서 살아가고 있다는 사실입니다. 이 사실은 우리를 하나님 앞에 늘 겸손한 모습으로 서게 합니다.

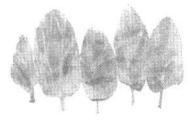

열네 번째 날

하나님의 섭리와 악의 문제 1

우리는 앞서 섭리라는 성부 하나님의 사역을 언급하였습니다. 섭리란 하나님께서 예정하신 목적에 이르도록 당신의 모든 피조물을 보존하고 다스리시는, 하나님의 지속적이고 계속적인 사역, 즉 창조 이후에 우리를 내버려두지 않으시고 지속적으로 간섭하고 인도하시는 하나님의 사역을 의미합니다. 그러나 이 섭리에 대한 믿음은 필연적으로 악의 실재에 의하여 심각하게 도전받을 수밖에 없습니다.

전통적으로 하나님은 창조와 섭리의 사역을 통하여 역사하시는 전능하고 선하신 존재로 고백되어 왔습니다. 그러나 우리는 "만일 하나님께서 진실로 전능하고 선하신 분이라면 왜 세상엔 이처럼 악이 성행하는 것이며, 또한 동시에 악으로 인하여 우리는 고통 받는가?"라는 질문을 필연적으로 던질 수밖에 없습니다.

질병, 지진, 화재, 홍수와 같은 자연적 현상으로부터 기인하는 '자연적 악'(natural evil)이나 폭력, 억압, 기만과 같은 인간의 죄로 인한 '도덕적 악'(moral evil) 등은 인간에게 늘 고뇌와 고통을 주는 것이기에 우리는 악에 대한 질문을 피할 수 없는 것입니다. 이 질문이 바로 지난 2천 년 그리스도교 역사 동안 가장 많이 질문되었음에도 충분히 설명되지 못한, 중요하고도 어려운 '하나님은 정말 정의로우신가?' 라는 신정론(神正論, Theodicy)의 질문입니다.

고대 그리스 철학자들의 전제

신정론의 문제를 깊이 있게 논의하였던 최초의 철학자는 그리스 철학자 에피쿠로스(Epicurus, BC 342?~271)였습니다. 그는 세상의 악의 실재에 직면하여 비판적인 신정론적 질문을 던졌습니다.

"신은 악을 막을 생각이 있지만 능력이 없는 것일까? 그렇다면 신은 무능한 것이다. 아니면 신은 악을 막을 능력이 있는데 그럴 의사가 없는 것일까? 그렇다면 신은 악한 것이다. 신은 의사도 있고 능력도 있는 것일까? 그렇다면 세상의 악은 어디에 기인한 것인가?"

이러한 성찰에 기초하여 에피쿠로스 학파는 신정론에 관한 세 가지 중요한 전제를 정립하였습니다.

- 신은 완전하고 전능한 존재이다.

- 신은 도덕적으로 완전한 선한 존재이다.
- 세상에는 악으로 인한 고난이 존재한다.

위의 세 가지 전제들 중 만일 두 가지가 참이라면 나머지 한 가지 전제는 필연적으로 거짓이 될 수밖에 없다고 주장하였습니다. 예를 들어, 세상에 악으로 인한 고난이 존재한다는 사실을 부인할 수 없는 한 신은 전능하면서도 선할 수는 없다는 말입니다. 따라서 필연적으로 신의 존재를 부인하지 않기 위해서는 신의 전능성과 선함 중 하나는 희생되어야 한다는 주장입니다.

하지만 그리스도교의 신론은 하나님의 전능성과 하나님의 선하심 중 어느 한 가지의 전제도 포기하지 않고 고난과 악의 신비를 설명하고자 노력해 왔으며, 이것이 그리스도교 신정론이 가진 난제가 되어왔습니다.

현대신학의 신정론

현대신학의 신정론은 에피쿠로스 학파의 견해를 비교적 성실하게 수행하려는 경향을 보이고 있습니다.

예를 들어, 과정신학의 신정론(process theodicy)의 경우 하나님의 전능성을 문제 삼았습니다. 세계적인 과정신학자 존 캅(John Cobb)의 경우 전통적인 '전능한 하나님' 대신에 세상을 강압이 아닌 설득(persuasion)을 통해 관계하는 '창조적-응답적 사랑'(creative-responsive Love)으로서 신이라는 개념을 소개하고 있습니다.

그에 의하면 하나님의 힘과 능력은 본질적으로 제한되어 있습니다. 하나님은 무로부터 세상을 창조하시고 독자적으로 주권을 가지고 피조물들을 다스리시는 전능한 하나님이 아니십니다. 따라서 세상에는 하나님이 하실 수 없는 일도 많이 있습니다. 물론 세상의 악과 고난에 하나님이 간접적인 책임이 있는 것은 사실이지만, 그보다 하나님은 피조물의 고난을 함께 나누는 선하신 하나님임을 주장합니다.

이와는 다르게 존 로스(John Roth)가 주장한 저항적 신정론(protest theodicy)의 경우 하나님의 전적인 선하심을 문제 삼고 있습니다. 그에 의하면 세상에 너무도 만연한 악과 고난의 상황에서 우리는 하나님의 전적인 선하심을 문제 삼아야 합니다. 도리어 우리는 악과 고난의 문제를 외면하시는 하나님의 침묵에 저항해야 합니다. 하나님의 침묵에 저항하였던 시편 기자와 같이, 자신의 무죄함과 억울함을 주장한 욥과 같이, 자신을 버리신 하나님께 부르짖었던 예수님과 같이 하나님께 저항함을 통해 하나님의 은혜와 도우심을 받아야 한다고 주장합니다.

또 다른 중요한 신정론의 입장인 해방신학의 신정론(liberation theodicy)의 경우, 하나님의 전능성과 선하심을 직접적으로 문제 삼는 대신, 이사야서의 고난 받는 종의 모습을 강조함과 동시에 하나님의 종말론적인 승리를 주장합니다. 비록 지금 이 세상에서 악이 승리하고 있는 것처럼 보이지만, 과거 하나님께서 고난 받는 종으로 오신 주님을 통해 사탄과 악의 세력에 승리하셨던 것처럼 오늘 이

억압과 불의의 세상에서 고난 받는 종의 모습으로 용기 있게 세상의 불의에 저항하는 우리의 투쟁을 통하여 승리하실 것이라는 종말론적인 소망을 전하는 것입니다.

물론 현대의 신정론이 현대인들의 마음에 보다 더 와 닿는 견해들을 제공하는 것처럼 보일지도 모릅니다. 그러나 분명한 점은, 이러한 신정론들은 성경에 나타난 복음의 증언들과는 상당한 괴리감을 가지고 있다는 것입니다. 우리는 하나님의 섭리와 악의 문제를 다룸에 있어서 무엇보다도 성경의 증언들을 통해 살펴보아야 합니다. 이 어려운 문제를 풀 해결의 실마리를 구약의 욥기에서 찾아볼 수 있습니다.

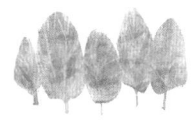

열다섯 번째 날

하나님의 섭리와 악의 문제 2

우리는 앞서 현대의 신정론들이 성경에 나타난 복음의 증언들과는 상당한 괴리감을 가지고 있음을 지적하였습니다. 그렇다면 성경은 하나님의 섭리와 악의 문제를 어떻게 다루고 있을까요? 우리는 신정론에 관한 가장 깊이 있는 논의를 구약성경의 욥기에서 찾아볼 수 있습니다.

고난의 신비에 관한 고대 근동의 두 가지 신정론적 견해

욥기로부터 우리는 고대 근동 사회에서 악과 고난의 신비를 해석하는 가장 지배적인 두 가지 신정론적 견해들을 찾아볼 수 있습니다. 고난을 '하나님의 징벌'(punishment)로서 보는 견해와, 고난을

'하나님의 교육 또는 훈계'(discipline)로 보는 견해입니다.

첫 번째, 고난을 하나님의 징벌로 보는 견해는 욥이 극심한 고난을 당하였다는 소문을 듣고 각기 제 고장을 떠나 욥을 찾아 왔던 세 친구들에게서 찾아볼 수 있습니다. 엘리바스는 욥이 겪는 궁핍과 고난은 욥의 죄의 결과라고 말합니다. 빌닷 역시 하나님의 정의로우심에 근거하여 욥의 고난은 정당한 죄의 대가임을 말합니다. 소발 역시 지금 욥에게 필요한 것은 자신의 잘못을 뉘우치고 하나님께 회개하는 것임을 주장합니다. 이 세 사람의 친구들에게서 공통적으로 발견되는 한 가지의 개념은 바로 '인과응보'(因果應報)라는 개념입니다. 즉, 욥의 고난과 궁핍은 그가 범한 죄 때문에 겪는 정당한 결과라는 것입니다.

두 번째, 고난을 하나님의 교육 또는 훈계로 보는 견해는 욥기 중간에 갑작스럽게 등장하는 인물 엘리후에게서 나타납니다. 엘리후의 견해에 따르면, 욥이 당하는 고난은 비록 그의 죄 때문만은 아니라 할지라도 분명 하나님의 훈계임에 틀림이 없으며 교육적인 목적을 가지고 있는 것입니다. 즉, 모든 고난은 다 죄의 결과인 징벌은 아니더라도, 완전하게 하시고 바르게 하시는 하나님의 훈계이자 교육이라는 것입니다.

물론 욥의 세 친구들의 중심 주장인 인과응보라는 개념 자체가 잘못된 것은 아닙니다. 죄에 대한 대가로서 주어지는 징벌(懲罰)로서의 고난은 분명 존재합니다. 또한 엘리후의 견해처럼 분명 고난에는 훈계, 교육 그리고 연단의 측면도 있습니다. 칼빈 역시 고난이 주는 유

익을 매우 강조하였기에 엘리후의 견해에 대하여 무척 호의적이었습니다.[1]

그러나 모든 고난들을 단순히 징벌이나 훈계의 문제로 단순화시키는 것은 타당하지 못할 뿐 아니라 매우 위험한 일입니다. 예를 들어, 1755년 포르투갈, 에스파냐 및 아프리카 북서부 일대를 강타하여 7만여 명의 생명을 앗아간 리스본(Lisbon) 대지진, 2008년 중국에서 7만여 명의 생명을 앗아간 쓰촨성(四川省) 지진, 그리고 2010년 아이티를 강타하여 30여만 명의 목숨을 앗아간 것으로 추정되는 아이티(Haiti) 지진, 과연 누가 그들을 향해 그들이 겪는 고난이 징벌이나 훈계라고 말할 수 있을까요? 9.11 사태로 인해 갑작스럽게 목숨을 잃은 희생자들을 향해서, 2차 대전 당시 600만 명의 목숨을 잃은 유대인들을 향해서 그 누가 그들이 겪은 고난이 징벌이나 훈계라고 말할 수 있을까요? 이러한 시각은 너무나 위험한 것입니다.

욥기를 통해 살펴본 성경적 신정론

그렇다면 욥기에서 밝히는 신정론적인 견해는 무엇일까요? 폭풍우 가운데서 욥에게 나타나신 하나님은 그에게 세 가지 중요한 점들을 강조하시고 있습니다.

첫째, 하나님의 지혜를 쉽게 판단하지 말라고 말씀하셨습니다.

---

1) 칼빈은 도리어 욥보다도 엘리후라는 인물과 그의 견해에 훨씬 더 공감을 가지고 있었습니다. John Calvin, *Sermons from Job*, selected and translated by Leroy Nixon(Grand Rapids, Michigan: WM. B. Eerdmans Publishing Company, 1952).

"네가 바다의 샘에 들어갔었느냐 깊은 물 밑으로 걸어다녀 보았느냐 사망의 문이 네게 나타났느냐 사망의 그늘진 문을 네가 보았느냐 땅의 너비를 네가 측량할 수 있느냐 네가 그 모든 것들을 다 알거든 말할지니라"(욥 38:16-18).

하나님께서는 인간의 지혜가 얼마나 연약하고 무지한 것인지를 말씀하시며 하나님의 신비를 함부로 논하지 말라고 말씀하셨습니다. 둘째, 하나님의 전능성과 권위에 도전하지 말라고 말씀하셨습니다.

"여호와께서 또 욥에게 일러 말씀하시되 트집 잡는 자가 전능자와 다투겠느냐 하나님을 탓하는 자는 대답할지니라"(욥 40:1-2).

하나님의 전능성과 권위에 도전하지 말라고 하셨습니다. '그 누가 나와 다툴 수 있느냐? 그 누가 나를 탓할 수 있느냐?'라고 말씀하시며 하나님과 쟁론하려 한 욥을 꾸짖으셨습니다.

셋째, 하나님께서는 오직 자신만이 불의와 악으로 인한 고난을 극복하게 하실 수 있으심을 말씀하셨습니다.

"모든 교만한 자를 발견하여 낮아지게 하며 악인을 그들의 처소에서 짓밟을지니라 그들을 함께 진토에 묻고 그들의 얼굴을 싸서 은밀한 곳에 둘지니라 그리하면 네 오른손이 너를 구원할 수 있다고 내가 인정하리라"(욥 40:12-14).

하나님께서는 욥이 세상의 고난과 악을 이길 능력이 없음을 인정하라고 하십니다. 세상의 모든 불의와 악을 이기실 수 있는 힘과 권세는 오직 하나님께만 있음을 선포하신 것입니다.

그때 비로소 욥은 이처럼 하나님께 고백합니다.

> "욥이 여호와께 대답하여 이르되 주께서는 못 하실 일이 없사오며 무슨 계획이든지 못 이루실 것이 없는 줄 아오니 무지한 말로 이치를 가리는 자가 누구니이까 나는 깨닫지도 못한 일을 말하였고 스스로 알 수도 없고 헤아리기도 어려운 일을 말하였나이다 내가 말하겠사오니 주는 들으시고 내가 주께 묻겠사오니 주여 내게 알게 하옵소서 내가 주께 대하여 귀로 듣기만 하였사오나 이제는 눈으로 주를 뵈옵나이다 그러므로 내가 스스로 거두어들이고 티끌과 재 가운데에서 회개하나이다"
> (욥 42:1-6).

물론 욥기의 신정론은 모든 고난과 악의 신비를 완전히 밝혀 주지는 못합니다. 그러나 매우 분명한 어조를 가지고 우리에게 말합니다. 하나님께서 왜 고난을 주시는지 그 이유를 알려 하지 말고, 그 이유에 대하여 쉽게 무지한 말로 단정하지 말라는 것입니다. 또한 오직 하나님의 능력을 의지하여서만 고난과 악을 극복할 수 있다는 점을 강조하고 있습니다.

"중요한 것은 고난의 이유가 아니라 이 고난을 극복케 하실 수 있는 하나님을 바라보는 것이다!"

아마 이것이 욥기를 통해 배울 수 있는 성경적 신정론의 핵심이자 고난과 악의 문제에 대한 그리스도교의 바른 응답이 아닐까요?

열여섯 번째 날
하나님의 형상으로 창조된 인간

하나님의 사역들 중 가장 대표적인 사역이자 최초의 사역은 창조(Creation)의 사역입니다. 태초에 하나님께서는 세상 만물을 창조하셨습니다. 빛과 어두움, 하늘과 땅, 모든 풀과 채소와 나무들, 해와 달과 별들 그리고 지상과 바다와 하늘의 모든 생물들을 창조하셨습니다. 그리고 하나님께서는 가장 마지막으로 인간을 창조하셨습니다.

특별하게 창조된 존재, 인간
성경은 하나님께서 마지막으로 창조하신 인간은 매우 특별하게 창조된 존재임을 증거하고 있습니다.
첫째, 하나님께서는 다른 세상 만물들을 "있으라"는 말씀으로 창조하셨지만 인간만은 직접 창조하셨습니다. 창세기 2장 7절은 "여호와 하나님이 땅의 흙으로 사람을 지으시고"라고 말합니다. 여기서 '지으시고'라는 히브리어 '야짜르'는 '토기장이가 흙을 빚다'라는 의미를 가지고 있습니다. 즉, 하나님께서 인간을 흙으로 직접 빚으셨다는 것을 의미하는 것입니다.

둘째, 다른 세상 만물들과는 다르게 하나님께서는 인간을 하나님의 형상에 따라 창조하셨습니다. 하나님의 형상으로 창조되었기 때문에 인간은 세상 만물 중 가장 고귀하고 아름다운 하나님의 작품인 것입니다.

셋째, 하나님께서는 인간에게 생기(성령)를 불어넣어 주셨습니다. 인간은 성령이 거하시는 성령의 전으로 창조되었기에 그 어떤 피조물과 비교할 수 없는 존귀한 존재입니다.

넷째, 하나님께서는 인간을 당신의 창조 사역의 완성으로 삼으셨습니다. 하나님께서는 인간을 마지막으로 창조하신 후에야 비로소 안식을 취하셨습니다.

다섯째, 하나님께서는 인간을 창조하신 후 심히 기뻐하셨습니다. 다른 창조물들을 창조하셨을 때 하나님께서는 '보시기에 좋았더라'고 표현하셨으나 인간을 창조하신 후에는 '심히 좋았더라'고 말씀하셨습니다.

여섯째, 하나님께서는 인간에게 복을 주시며 세상 만물을 다스릴 권세를 주셨습니다. "하나님이 그들에게 복을 주시며 하나님이 그들에게 이르시되 생육하고 번성하여 땅에 충만하라, 땅을 정복하라,

바다의 물고기와 하늘의 새와 땅에 움직이는 모든 생물을 다스리라 하시니라"(창 1:28). 이것은 하나님께서 인간을 단지 하나의 피조물로 창조하신 것이 아니라 세상을 함께 다스릴 동역자로 부르신 것을 의미합니다.

하나님께서는 스스로 창조하신 이 최초의 인간을 '아담'이라고 부르셨는데, 이 이름은 '붉그스름한'이라는 의미를 가지고 있습니다. 이 말은 '흙' 또는 '진흙'이라는 '아파르'라는 단어에서 기원된 것으로 추정됩니다. 즉, 인간은 흙으로 만들어진 존재라는 것을 상징적으로 보여주는 것입니다. 분명 인간은 흔하디흔한 한갓 흙으로 지어진 존재입니다. 그러나 하나님께서 직접 빚으셨기에, 하나님의 형상으로 지어졌기에, 성령을 부음 받았기에, 하나님의 창조 사역의 완성이자 큰 기쁨이요, 하나님의 동역자이기에 세상 그 어떤 존재들과 비교할 수 없는 존귀하고 아름다운 하나님의 피조물인 것입니다.

최초의 인간에게 주어진 계명

하나님께서는 최초의 인간인 아담에게 에덴 동산의 모든 것들을 이용하고 다스릴 수 있는 모든 권세를 주셨습니다. 그리고 꼭 지켜야 할 한 가지 계명을 말씀해 주셨는데, 그것은 동산 중앙에 있는 선악을 알게 하는 나무의 열매를 먹어서는 안 된다는 것이었습니다. 하나님께서는 왜 선악을 알게 하는 나무의 열매를 먹지 못하게 하셨을까요? 우리는 두 가지 측면에서 대답을 찾을 수 있습니다. 하나는 질서라는 측면이고, 다른 하나는 사랑이라는 측면입니다.

선악을 알게 하는 나무의 열매를 먹지 못하게 하신 첫 번째 이유는 이것이 하나님과 인간 사이의 질서이기 때문입니다. 모든 인간관계에는 질서가 존재합니다. 교통법규나 법칙 준수와 같은 법률적 질서는 물론 부모와 자녀, 부부, 친구, 이웃 간에도 기본적으로 지켜야 할 사회적, 인격적 질서가 있습니다.

마찬가지로 하나님과 인간 사이에도 질서가 존재합니다. 그 질서는 창조질서, 즉 하나님께서는 우리의 창조주이시고 우리는 그분의 피조물이라는 사실입니다. 우리의 인생의 주인은 우리가 아니라 바로 하나님이시라는 것입니다. 이 질서를 상징하는 것이 바로 선악을 알게 하는 나무를 통해 주어진 계명입니다.

선악을 알게 하는 나무의 열매를 먹지 못하게 하신 두 번째 이유는 하나님께서 인간을 사랑하시기 때문입니다. 성경은 선악을 알게 하는 나무의 열매를 먹은 후 나타날 현상을 '눈이 밝아진다'라고 표현합니다. 이 말의 의미는 인간이 스스로 선악을 판단하며 살아가는 것을 의미하는 것입니다. 언뜻 보면 이것은 매우 큰 능력이자 복처럼 생각될지 모르지만 실상은 그렇지 않습니다. 인간은 스스로 바른 방향으로 인생을 선택하고 결정할 만한 능력이 없기 때문입니다. 이러한 능력을 가지신 분은 오로지 하나님뿐이기 때문입니다. 따라서 인간은 하나님 안에 있을 때에야 비로소 인생의 바른 목표를 세우고, 성취하는 은혜를 맛볼 수 있습니다.

그러나 만일 인간이 선악을 알게 하는 나무의 열매를 먹어 눈이 밝아져 스스로 판단하고 살아가고자 한다면, 하나님 없이 스스로 살아갈 수 없는 인간에게는 그 열매는 복이라기보다 도리어 저주가 될 수밖에 없습니다. 마치 스스로를 통제할 수 없는 어린 아이에게 위험한 물건을 안겨 주는 것처럼 말입니다. 하나님을 떠난 인간은 결국 죽음의 길로 갈 수밖에 없습니다.

이처럼 하나님과 인간 사이의 관계를 유지하는 질서가 바로 선악을 알게 하는 나무입니다. 그래서 하나님께서는 절대로 그 열매를 먹어서는 안 된다고 명하셨으며, 이것을 먹으면 반드시 죽으리라고 경고하신 것입니다. 그러나 최초의 인간들은 뱀을 통하여 주어진 사탄의 유혹에 굴복하여 결국 선악을 알게 하는 나무의 열매를 따 먹어 타락하고 말았습니다. 그 후 인간은 하나님의 형벌을 피할 수 없게 되었습니다.

열일곱 번째 날

인간의 타락과 형벌

아담과 하와는 하나님의 형상으로 지으심을 받은 존재였습니다. 그러나 그들은 사탄의 유혹에 결국 굴복하여 선악을 알게 하는 나무의 열매를 먹게 되었습니다. 그들이 범한 죄는 어떠한 것일까요? 그리고 선악을 스스로 판단하는 능력을 갖게 된 그들에게 찾아온 것은 무엇이었을까요?

아담과 하와가 범한 죄

아담과 하와가 지은 죄는 무엇일까요? 성경에 따르면 그들의 죄는 크게 두 가지의 죄로 구분해 볼 수 있습니다.

첫째, 불순종의 죄입니다. 하나님께서는 창세기 2장 17절에서 "선악을 알게 하는 나무의 열매는 먹지 말라 네가 먹는 날에는 반드시 죽으리라"고 말씀하셨습니다. 하지만 그들은 하나님의 말씀을 어기고 선악을 알게 하는 나무의 열매를 먹어버렸습니다. 이것은 하나님과 피조물 사이의 질서를 어기고 그분의 명령에 불순종한 죄를 범한 것입니다.

둘째, 영적 교만의 죄를 범하였습니다. 어떤 이들은 "그깟 열매 하나 따 먹은 것 때문에 아담과 하와에게 너무 큰 형벌을 주신 것이 아닌가?"라고 물을 수도 있습니다. 하지만 명령을 어긴 불순종의 죄보다 더 깊은 죄가 아담과 하와에게 숨겨져 있습니다. 바로 헬라어로 '휘브리스'(hubris)라 부르는 죄입니다. 이 말은 흔히 '교만'이라고 번역하곤 하는데 그리 좋은 번역은 아닙니다. 이 단어의 보다 분명한 의미는 '나의 능력을 넘어선 어떤 존재가 되기를 원하는 마음'이나 '그러한 존재가 될 수 있다고 믿는 마음'이라고 말할 수 있습니다. '영적 교만'(spiritual pride)이라는 용어가 더 어울릴지도 모르겠습니다.

사탄은 하와에게 이렇게 유혹합니다. '네가 이것을 먹어도 죽지 아니하리라. 네가 이것을 먹으면 하나님처럼 되리라.' 바로 하나님처럼 될 수 있다는 영적 교만과 욕망에 아담과 하와는 죄를 범한 것입니다. 즉, 열매를 따 먹은 그들의 행위는 단순한 하나님의 명령에 불순종한 것뿐만 아니라 하나님처럼 되고자 하는, 창조주의 위치를 넘본 죄인 것입니다.

죄를 범한 후의 아담과 하와의 상태

선악을 알게 하는 나무의 열매를 먹어 눈이 밝아진 아담과 하와는 어떤 상태가 되었을까요? 성경을 보면 그들에게 찾아온 것은 복이 아니라 소외(alienation)와 애통(lamentation)이었음을 쉽게 알 수 있습니다.

첫째, 그들은 부끄러움을 느끼게 되었습니다.

그들이 느꼈던 첫 번째 감정은 기쁨이나 즐거움이 아니라 부끄러움, 곧 하나님의 계명을 어김으로 찾아온 죄책감이었습니다. 이 죄책감으로 나타난 그들의 행동은 바로 무화과나무 잎으로 치마를 만들어 입는 것이었습니다(창 3:7). 과거 그들은 옷을 벗고 있어도 창피한 줄을 몰랐습니다. 서로 간에 숨길 것이 없었기 때문입니다. 벌거벗었으나 부끄러움이 없는 상태, 이것이 인간과 하나님과의 관계임과 동시에 인간과 인간의 참된 관계였습니다. 그러나 이제 죄가 들어오자 죄책감을 통해 부끄러움이 생겨나서 무화과나무 잎을 엮어 치마를 만들어 입은 것입니다.

둘째, 그들은 두려움을 느끼게 되었습니다.

죄를 범한 이후 아담과 하와가 하나님의 음성을 듣고 숨는 것을 볼 수 있습니다(창 3:8). 지난날 여호와 하나님의 음성은 그들에게 있어서 기쁨이었고 행복이었습니다. 그러나 이제 그 음성이 그들에게 부담스러운 음성, 더 이상 기쁨이 아닌 두려운 음성이 된 것입니다.

우리가 어떤 이에게 씻지 못할 죄를 지었을 때 그 사람과의 관계가 파괴되듯이, 하나님과의 관계에 있어서도 영적인 친밀 관계가 깨지게 되었습니다. 그래서 하나님의 음성을 반갑게 맞이하기보다는 하나님을 두려워하고 피하게 된 것입니다.

셋째, 하나님과 그들 간의, 또한 그들 서로 간의 사랑이 깨어지게 되었습니다.

하나님께서 아담을 부르셨을 때, 아담은 자신의 죄를 인정하기보다 자신의 아내에게 핑계하였습니다. 과거 '내 뼈 중의 뼈요 살 중의 살'이라고 고백했던 그토록 자신이 사랑했던 아내에게 이 책임을 돌리는 것입니다. 더 나아가 '하나님이 주셔서 나와 함께 있게 하신 여자'라는 표현을 통하여 이 책임을 하나님께로 돌렸습니다(창 3:12). 하와 역시 자신의 죄를 인정하려 하지 않았습니다. 자신의 책임이라고 여기기보다 뱀의 책임이라고 주장합니다. 이것 역시 뱀을 만드신 분은 하나님이시니 하나님께도 책임이 있다고 말하는 것과 다르지 않습니다.

이것이 죄가 들어온 인간의 상태입니다. 그토록 사랑했던 하나님과 인간의 관계가 파괴되고, 그토록 사랑했던 부부간의 사랑과 신뢰가 깨어지는 순간입니다. 이것이 죄를 범한 인간 영혼의 현주소인 것입니다.

넷째, 하나님의 형벌이 주어지게 되었습니다.

하나님께서는 아담과 하와에게 세 가지 형벌을 내리셨습니다.

첫 번째 형벌로, 하와에게는 잉태의 고통을 더하셨습니다. 본래 하나님께서는 여인으로 하여금 출산의 고통을 크게 하시지 않은 것으로 생각됩니다. 그러나 이제부터 여인은 아이를 낳을 때 큰 고통을 겪게 된 것입니다.

두 번째 형벌로, 노동의 고통을 주셨습니다. 과거 그들은 에덴 동산에서 수고하지 않아도 먹을 수 있었지만 이제 그들은 땀을 흘려야만 먹을 수 있게 되었습니다.

세 번째 형벌로, 그들에게 주어진 가장 큰 형벌은 하나님과 함께 거하던 낙원을 잃어버린 것입니다. 하나님께서는 그들을 '기쁨' 또는 '즐거움'이라는 의미를 가진 '에덴' 동산으로부터 쫓아내셨습니다. 낙원에서의 쫓겨남은 단지 좋은 환경으로부터 쫓겨남을 의미하지 않습니다. 이 추방의 진정한 비극은 그들이 직접적으로 만나고, 신뢰하고, 사랑할 수 있었던 하나님과의 교제를 상실한 것입니다. 이것은 영적인 죽음을 의미합니다.

그리고 아담과 하와만이 영적인 죽음을 맞이한 것이 아니라 그들로부터 태어날 모든 후손들이 영적인 죽음의 상태에 빠지게 되었다는 것을 의미하며, 더 나아가 영원한 죽음의 상태에 빠지게 되었다는 것을 의미합니다. 이것을 우리는 신학적으로 '죄의 전가'(the contagion of sin)라고 부릅니다.

열여덟 번째 날

원죄와 자유의지

우리는 앞서 죄를 범한 아담과 하와는 물론 그들로부터 태어난 모든 후손들이 영적인 죽음의 상태에 빠지게 되었다는 것, 더 나아가 영원한 죽음의 상태에 빠지게 되었다는 것을 말하였습니다. 오늘은 세세토록 전해지는 인간의 원죄(原罪)와 인간의 자유의지에 관하여 살펴보려고 합니다.

아우구스티누스와 펠라기우스 논쟁

원죄와 자유의지에 관한 가장 대표적인 신학 논쟁은 초대 라틴신학의 대표적 교부였던 아우구스티누스(Augustinus, 354~430)와 영국 웨일스 출신의 수도사 펠라기우스(Pelagius, 354~420?) - 물론 실제 논쟁의 당사자는 펠라기우스라기보다 그의 동료이자 제자라 할 수 있는 켈레스티우스(Celestius)였지만 – 간의 논쟁에서 나타났습니다.

펠라기우스는 인간의 타락이 아담과 하와에게만 국한되는 것으로 간주하고 원죄의 교리를 부인하였습니다. 그가 원죄의 교리를 부정한 이유는, 만일 인간이 원죄로 인하여 타락한 존재라면 죄를 범할 수밖에 없는 인간에게 하나님께서 율법을 준수할 것을 요구하시는 것은 부당한 일이 되기 때문입니다.

펠라기우스는 죄와 불순종은 원죄(유전)가 아니라 습관과 모범(모방)에 의하여 전파된다고 주장하였습니다. 그러므로 갓 태어난 유아의 경우는 죄가 없는 상태로 태어나기 때문에 세례가 필요 없다고 주장하였고, 더 나아가 인간의 죽음은 죄의 결과가 아니라 창조된 자연 상태라고 주장하였습니다.

펠라기우스에 따르면 인간은 이성적 능력과 도덕적 능력을 타고난 존재입니다. 인간에게는 선과 악을 판단하고 결정할 자유의지(free will), 즉 의지의 자유가 있습니다. 따라서 인간은 자신의 의지와 이성적 기능을 통하여 죄를 피할 수 있다는 것입니다.

더 나아가 아무리 하나님이라 할지라도 인간으로 하여금 강제적으로 선을 행하게 하실 수 없음을 주장하였습니다. 그는 하나님의 은총을 강압적인 강제가 아니라 인간에게 깨우치시는 계몽(enlightening)으로 해석하였습니다.

예를 들어, 십계명과 그리스도의 가르침과 그의 삶의 모범을 통하여 인간을 계몽하여 죄를 피하고 선한 일을 도모하게 하는 것입니다. 펠라기우스는 최후의 심판 때에 인간은 하나님의 도덕 법칙들을 얼마나 잘 수행했는가에 따라 심판을 받게 될 것이라고 주장하였습니다. 결국 펠라기우스의 사상은 율법의 행위를 통하여 구원을 받는다는 견해를 가지고 있다고 말할 수 있습니다.

이와는 다르게 아우구스티누스는 인간은 본래 선한 존재로 지음을 받았지만, 아담의 타락으로 모든 인간이 죄의 상태에 놓이게 되었다고 주장하였습니다. 인간의 자유의지는 – 설사 완전히 소멸된 것은 아니라고 할지라도 – 죄로 인하여 약해지고 무능력의 상태에 놓이게 되었습니다. 아우구스티누스는 이러한 자유의지의 타락을, 선과 악을 선택하는 저울이 평행을 이루지 못하고 악의 쪽에 무거운 추가 놓여 있는 상황에 비유하였습니다. 따라서 하나님의 은총 없이는 이 자유의지가 회복될 수 없다고 보았습니다. 이처럼 인간의 본성(자유의지)이 타락되어 악을 선택할 수밖에 없는 상태가 원죄인 것입니다.

아담의 죄는 단순히 한 사람의 죄가 아니라 인류의 대표자로서 지은 죄이기 때문에(다시 말하여, 모든 인류는 아담 안에 있었기 때문에) 원죄의 상태는 세세토록 모든 인간이 타고나는 유전병과 같이 주어집니다. 이것은 신학적인 용어로 '죄의 전가'(the contagion of sin)라 부릅니다. 더 나아가 아우구스티누스는 죄를 단지 하나의 경향이나 행위가 아닌 유죄라는 법적 개념으로 이해하였습니다. 그러므로 그 누구라도 그리스도의 은총이 아니면 구원을 받을 수 없는 것입니다.

431년 에베소 회의에서 펠라기우스주의는 정죄를 받았고, 또한 펠라기우스의 사상을 부분적으로 수용한 반-펠라기우스주의(semi-Pelagianism) 역시 529년 오렌지 회의에서 정죄받았습니다.

그러나 인간의 자유의지를 강조하는 경향은 교회에서 사라지지 않고 남아서 중세교회의 공로주의는 물론 에라스무스(Erasmus of Rotterdam, 1466?~1536), 몰리나(Luis de Molina, 1535~1600), 알미니우스(Arminius, 1560~1609), 웨슬리(John Wesley, 1703~1791)에 이르기까지 광범위하게 영향을 미쳤습니다.

알미니우스주의(Arminianism) 논쟁

자유의지와 원죄에 대한 논쟁은 종교개혁 시대 이후에도 계속되었는데, 그중 가장 대표적인 논쟁은 알미니우스 논쟁입니다. 네덜란드의 신학자 알미니우스의 주장을 조직화한 알미니우스주의자들은, 하나님의 은총을 떠나서는 아무런 선한 일을 할 수 없다는 것을 주장하는 점에서는 분명 펠라기우스주의와는 달랐습니다.

그러나 그들은 인간의 자유의지를 강조함으로써 하나님의 은총이 거절될 수도 있다고 가르쳤으며, 한 번 받은 은총을 잃을 수도 있다고 주장하면서 칼빈주의의 예정과 견인의 교리를 부정하였습니다.

더 나아가 그들은 원죄를 아우구스티누스나 칼빈이 주장한 법적 개념이 아닌 부분적 부패로 해석하였습니다. 아담 이후 인간은 자기결정 능력이나 선행을 행할 수 있는 의지의 능력을 상실한 것이 아니라 부패, 즉 '악한 경향성'(ill tendency)을 타고나게 되는데 이것이 죄를 범하게 되는 요인을 제공한다는 것입니다. 알미니우스주의자들은 인간은 자신의 죄에 대하여 하나님 앞에서 분명한 책임을 져야한다고 주장하였습니다. 그리고 실제적으로 죄를 짓지 않는 갓 태어난 아이들은 천사와 같은 존재들이며 죄가 없다고 주장하였습니다.

물론 펠라기우스주의나 알미니우스주의가 인간의 도덕적 책임성과 성화의 중요성을 강조한다는 점에서 다소 긍정적 측면을 가지고 있는 것은 사실입니다. 그러나 그들이 주장하는 원죄와 자유의지에 대한 교리는 성경적이 아닙니다. 성경은 아담 한 사람의 죄로 인하여 온 인류에게 사망이 들어왔고 그리스도의 구속하심 없이는 구원에 이르지 못함을 분명하게 선포합니다.

> "사망이 한 사람으로 말미암았으니 죽은 자의 부활도 한 사람으로 말미암는도다"(고전 15:21).
>
> "모든 사람이 죄를 범하였으매 하나님의 영광에 이르지 못하더니 그리스도 예수 안에 있는 속량으로 말미암아 하나님의 은혜로 값 없이 의롭다 하심을 얻은 자 되었느니라"(롬 3:23-24).

더 나아가 인간의 자유의지를 강조하고 원죄를 약화시키는 그들의 주장은 결국 그리스도를 통한 구속의 필연성을 부인한다는 점에서 결코 받아들일 수 없는 것입니다.

성경은 우리에게 말씀하는 바는 (1) 아담의 죄 안에서 모든 인간이 함께 죄를 범하였고, (2) 총체적인 범죄로 인하여 우리는 영적 죽음(하나님과의 교제의 상실)을 피할 수 없게 되었고, (3) 하나님의 은혜 없이 인간 스스로 구원(하나님의 형상과 교제의 회복)을 얻을 수 없다는 사실입니다.

따라서 그리스도가 오셔야만 했던 것입니다.

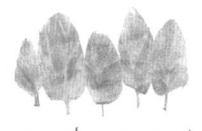

열아홉 번째 날
죄의 정의(定義)와 하나님의 구원 계획

죄를 범한 아담과 하와는 물론 그들로부터 태어난 모든 후손들이 죄인인 상태로 태어나며 결국 모든 인간이 형벌을 피할 수 없습니다. 오늘의 주제는 성경은 죄를 어떻게 정의하고 있고, 죄의 대가 즉, 형벌은 무엇인지 그리고 하나님의 구원 계획은 무엇이신지 살펴보려 합니다.

성경에 나타난 죄의 정의(定義)

첫째, 성경은 먼저 모든 불법을 죄라고 부릅니다. 요한일서 3장 4절은 이렇게 말합니다. "죄를 짓는 자마다 불법을 행하나니 죄는 불법이라." 성경은 분명 하나님께서 주신 명령을 어기는 것은 죄라고 말하고 있습니다.

둘째, 성경은 또한 모든 불의를 죄라고 부릅니다. 요한일서 5장 17절은 "모든 불의가 죄로되"라고 말합니다. 의롭지 못하게 살아가는 것은 또한 죄인 것입니다.

셋째, 성경은 또한 알면서도 행하지 아니하는 것을 죄라고 부릅니다. 야고보서 4장 17절은 '사람이 선을 행할 줄 알고도 행하지 아니하면 죄니라'고 말합니다. '나는 좋은 일을 하지 않았지만, 나쁜 일도 하지 않았으니 죄가 없다'라는 것은 잘못된 생각입니다. 선한 사마리아인의 비유가 말하듯이, 설사 악을 행하지 않았더라도 선을 행해야 할 것을 알면서 행하지 않았다면 그것 또한 죄입니다.

넷째, 성경은 믿음을 따라 살지 않은 것을 또한 죄라고 부릅니다. 로마서 14장 23절은 "의심하고 먹는 자는 정죄되었나니 이는 믿음을 따라 하지 아니하였기 때문이라 믿음을 따라 하지 아니하는 것은 다 죄니라"고 말합니다. 즉, 하나님을 온전히 믿지 못하는 것 또한 그 말씀을 따라 행하며 살지 않는 것은 곧 죄입니다.

이처럼 성경은 법을 어기는 것, 의로움을 잃어버리는 것, 또 알고도 행하지 않는 것, 믿음으로 살아가지 않는 것을 죄라고 말합니다. 이러한 죄의 정의를 살펴볼 때 이 세상에 죄인이 아닌 사람이 어찌 단 한 사람이라도 있을 수 있을까요?

사망의 형벌과 하나님의 구원 계획

모든 죄에는 형벌이 뒤따릅니다. 모든 죄에는 그에 대한 책임이 뒤따르기 때문입니다. 아담의 불순종과 교만의 죄는 아담은 물론이고 그 후손된 모든 인류가 함께 감당해야 할 책임, 사망이라는 형벌을 전해 주었습니다. 성경에서 말하는 사망에는 세 가지 종류가 있습니다.

첫째, 성경은 영혼이 육신과 분리되는 육체적인 죽음이 있다고 말합니다. 이것은 모든 사람들이 피할 수 없는 자연적인 현상입니다.

둘째, 성경은 영적인 죽음이 있음을 말합니다. 영적인 죽음은 하나님과의 교제가 끊어진 것을 말하는데, 이처럼 하나님과의 교제를 잃어버린 인간은 하나님과 완전히 분리되었으며, 자신의 힘으로 하나님을 찾을 수도 없고 자신을 죄로부터 구원할 수도 없게 되었습니다.

셋째, 성경은 영원한 죽음을 말합니다. 자신의 죄를 끝까지 회개하지 않고 그리스도를 거부한 죄인에게 종말의 시간에 주어지는 최후의 형벌로서 육체와 영혼이 지옥에 던져져 영원한 멸망에 들어가는 것입니다.

모든 사람은 하나님 앞에서 죄인이고 죄의 값을 치러야만 합니다. 그러나 사랑의 하나님께서는 자신의 형상에 따라 고귀하게 창조한 인간들을 다 멸망의 길로 인도하실 수 없으셨습니다. 결국 사랑의 하나님께서는 인간을 구원하시기 위해 자신의 아들인 성자 하나님을 육신의 몸으로 이 땅에 보내셨는데 그분이 바로 예수 그리스도이십니다.

하나님께서는 아담이 죄를 범하였을 때 여자의 후손으로부터 사탄을 물리칠 구원자 '그리스도'를 보내실 것을 약속하셨습니다.

> "내가 너로 여자와 원수가 되게 하고 네 후손도 여자의 후손과 원수가 되게 하리니 여자의 후손은 네 머리를 상하게 할 것이요 너는 그의 발꿈치를 상하게 할 것이니라 하시고"(창 3:15).

또한 선지자 이사야를 통하여 예수께서 나시기 700여 년 전에 동정녀를 통한 주님의 탄생을 예언하셨습니다.

> "그러므로 주께서 친히 징조를 너희에게 주실 것이라 보라 처녀가 잉태하여 아들을 낳을 것이요 그의 이름을 임마누엘이라 하리라"(사 7:14).

남자와의 육체적 결합을 통하여 잉태된 아이는 이미 죄의 유전을 피할 수 없기에 그분은 동정녀의 몸에서 탄생하신 것입니다.

세례 요한은 하나님의 구원 계획에 따라 세상에 오신 예수 그리스도를 '세상 죄를 지고 가는 하나님의 어린 양'이라고 불렀습니다. 구약시대에 사람이 지은 죄의 형벌을 대신하여 소나 양의 제사를 드렸던 것처럼, 예수 그리스도는 우리의 죄를 대속하시기 위해 이 땅에 오신 속죄양이십니다. 다시 말하여, 하나님께서는 우리의 모든 죄를 예수 그리스도께서 감당하게 하신 것입니다.

> "우리는 다 양 같아서 그릇 행하여 각기 제 길로 갔거늘 여호와께서는 우리 모두의 죄악을 그에게 담당시키셨도다"(사 53:6).

속죄양이 인간의 죄를 대신하여 피를 흘리는 것처럼, 그분은 하나님 앞에서 죄인이고 원수가 된 우리의 죄를 대신하시기 위해 스스로 속죄양이 되어 십자가에서 피를 흘리신 것입니다.

히브리서 9장 12절은 이렇게 말합니다.

"염소와 송아지의 피로 하지 아니하고 오직 자기의 피로 영원한 속죄를 이루사 단번에 성소에 들어가셨느니라."

요한복음 3장 16절은 죽을 수밖에 없는 우리를 살리신 하나님의 구원 계획과 그 사랑을 이렇게 고백하고 있습니다.

"하나님이 세상을 이처럼 사랑하사 독생자를 주셨으니 이는 그를 믿는 자마다 멸망하지 않고 영생을 얻게 하려 하심이라."

이것이 하나님의 구원 계획의 전말(顚末)입니다.

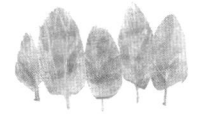

스무 번째 날

참 인간이신 예수 그리스도

초대 교회에는 '영지주의'(Gnosticism)이라고 부르는 이단이 있었습니다. 그들은 그리스도교 신앙에다가 BC 6세기 페르시아에 기원을 둔 조로아스터교의 이원론, 헬라적 이원론, 심지어 바벨론의 점성술과 동양의 신비종교의 사상까지를 수용한 종교혼합주의자들이었습니다.

조로아스터교의 이원론에 따르면 온 세상은 빛과 어두움으로 나누어져 있으며, 빛은 곧 선함을 의미하고 어두움은 악을 상징합니다. 또 헬라적 이원론에 따르면 세상은 '물질'(matter)과 '영'(spirit)으로 이루어져 있습니다. 그들 역시 물질보다 영이 더 중요하다고 믿었고, 영은 불멸하는 것이라고 믿었습니다. 영지주의자들은 헬라적

이원론과 조로아스터교의 이원론을 결합시켜서 물질은 악하고 영은 선하다는 자신들의 사상을 만들어 냈습니다.

이러한 사상에 근거하여 영지주의자들은 구약의 하나님과 신약의 하나님을 구분하였습니다. 물질세계를 창조한 구약의 하나님은 진정한 하나님이 아니라 악한 신이거나 저급한 신이며, 신약의 하나님 즉 사랑이시고 영이신 하나님만이 진정한 하나님이시라고 주장하였습니다.

하지만 그들에게 있어서 가장 큰 문제는 예수 그리스도의 인성이었습니다. 왜냐하면 물질인 육신을 가진 예수님은 선한 분이나 완전한 하나님이 될 수 없기 때문이었습니다. 그러므로 그들은 우리가 가현설(假現說, Docetism)이라고 부르는 견해나 양자론(養子說, Adoptionism)이라고 부르는 견해를 수용할 수밖에 없었습니다.

극단적인 가현설은 예수님의 육신 자체를 부정하는 견해인데, 예수님이 육체를 가지신 것처럼 보였을 뿐이지 진정한 육신을 갖지 않으셨다고 주장하는 것입니다. 예를 들어, 예수님은 걸으실 때 발자국도 남지 않으시고 그림자도 없으셨다고 주장하였습니다. 영인 하나님의 천사들이 인간의 눈에 보이는 것처럼 영이신 그분의 모습이 형상처럼 눈에 보였을 뿐 진정한 육신은 아니셨다는 것입니다.

보다 온건한 가현설주의는 양자론의 형태로 나타났는데, 영이신 그리스도께서 처음부터 성육신하신 것이 아니라 인간 예수가 세례 받을 때 영으로 임하셔서 예수의 몸에 잠시 거하셨을 뿐이고, 십자가에 달리시기 전에 떠나셨다는 주장이었습니다. 따라서 십자가에 달린 것은 인간 예수이지 성자 하나님이 아니라고 주장하였습니다.

영지주의는 물론이요 4세기의 신학자 아폴리나리우스(Apollinarius, 310~390로 추정) 역시 예수님의 온전한 인성을 부인했다는 비난으로부터 자유로울 수 없었습니다. 물론 아폴리나리우스는 영지주의의 가현설에 대항하기 위해 분명 예수님의 인성을 강조한 것은 사실입니다. 그러나 인성을 이해하는 방법이 매우 독특했습니다. 그는 만일 예수 그리스도 안의 신성과 인성이 둘 다 온전한 채로 한 인격 안에 함께 있다면, 예수는 결코 인격적 통일성을 가질 수 없으며 마치 머리 둘 달린 괴물과 같을 것이라고 주장하였습니다.

그의 생각에 신성과 인성 사이의 일치를 유지할 수 있는 길은 오직 한 가지밖에 없었습니다. 바로 그리스도의 인성을 온전하지 못한 것으로 간주하고, 신적 '로고스'(Logos)[1]로 하여금 인간 예수의 영혼을 대신 하는 방법이었습니다. 그래서 인간을 '육신'과 '혼'과 '영'으로 구분하는 아폴리나리우스는 예수 그리스도의 '육신'과 '혼'은 인정했지만 인간적 영혼의 존재를 부인하였습니다. 인간의 영혼의 위치를 로고스가 대신한다고 본 것입니다. 즉, 예수 그리스도의 온전한 인성을 부인한 그의 견해는 영지주의자들의 견해와 더불어 초대 교회에서 이단으로 정죄를 받았습니다.

---

1) 로고스는 고대 헬라 철학에서 대단히 일반적인 개념이었는데, 우주를 지배하고 동시에 인간 지성에 현존하는 우주적 법칙을 의미하는 것이었습니다. 그러나 스토아 학파들은 물론 플라톤(Plato)의 사상에서도 드러나듯이 그들의 로고스의 개념은 실체라기보다 추상적인 것이었습니다. 이것은 실체와 인격으로서의 로고스를 강조하는 요한복음서의 개념과는 전혀 다른 것입니다. 사도 요한에게 있어 로고스는 하나님 자신이며, 창조의 대행자이며, 하나님의 계시자이십니다.

성경은 예수님을 두 가지 성품, 즉 신성과 인성을 똑같이 온전히 가지고 계시는 완전한 인간이요 또한 완전한 하나님이라고 말하고 있습니다. 히브리서 기자는 예수님을 설명하면서 '어떤' 점들에서가 아니라 '모든' 점에서 우리들과 같은 분이시라는 것을 강조합니다(히 2:7). 단지 죄가 없으시다는 점에서만 우리와 다르다고 말하고 있습니다(히 4:15). 즉, 예수님은 우리와 같은 육체와 영혼을 가지신 온전한 인간이셨다는 말입니다. 그분은 결코 육신인 것처럼 보이는 분이거나, 반쪽짜리 영혼의 소유자가 아니라, 십자가에 달리신 하나님이시라는 것을 성경은 분명히 증거합니다.

성경을 살펴보면 예수 그리스도께서 참 인간이심을 보여주는 사실과 구절들이 많이 발견됩니다. 몇 가지 중심 사실들을 살펴보겠습니다.

1) 육신이 되었다(요 1:14).
2) 여자에게서 나셨다(갈 4:4).
3) 아기로 나셨다(사 7:14; 마 1:18-25).
4) 장성하셨다(눅 2:52).
5) 주리셨다(마 4:2).
6) 지치셨다(요 4:6).
7) 시험을 받으셨다(마 4:1-2).
8) 땀을 흘리셨다(눅 22:44).
9) 눈물을 흘리셨다(요 11:35).

10) 죽음을 당하셨다(요 19:33).

11) 장사되었다(요 19:42).

이러한 모든 성경의 기록들은, 예수님이 육신을 가지고 육신의 모든 질고를 겪으신 온전한 인간이셨음을 말하고 있습니다. 예수님은 십자가에서 우리의 죄를 속죄하시기 위해 성육신한 분이시기에 우리와 똑같은 몸과 영혼을 가진 인간으로 태어나셔야만 했습니다. 또한 참 인간이신 그분께서 친히 고통을 받으셨고 유혹도 받으셨기 때문에 우리가 받는 모든 시험을 이해하시고 위로하실 수 있으며 새 힘을 주실 수 있는 것입니다.

스물한 번째 날

참 하나님이신 예수 그리스도

　십자가에 달린 예수님이 인간이라는 것은 누구나 인정할 것입니다. 그러나 그분이 하나님이시라는 것은 그리스도인이 아니면 인정하기 어려울 것입니다. 교회사를 들여다보면 어떤 이들은 예수께서 하나님이심을 완전 부인하기도 했고, 또 어떤 이들은 예수께 완전한 신성을 돌리는 대신 불완전한 부분적 신성을 돌리기도 했습니다.

　예수님의 신성을 완전히 부인하는 이들로는 유대인들의 율법과 전통 위에 기독교를 이식(移植)하려 했던 에비온파(Ebionites)와 신적 로고스와 예수님을 구분한 알로기파(Alogi)와 같은 이들이 있는데, 그들은 동정녀 탄생을 부인하고 예수님을 단순한 인간으로 보았습니다. 그들은 예수님이 요셉과 마리아의 아들로서 단순히 인간이었고, 그가 세례 받을 때 성령(에비온파의 경우) 또는 로고스(알로기파의 경우)가 내려오셔서 다른 사람들에 비하여 특별한 사역과 탁월한 능력을 보인 것이라고 주장하였습니다.

예수님께 부분적 신성을 돌리는 사람들의 대표자로는 알렉산드리아의 장로였던 아리우스(Arius, 250~336)가 있습니다. 아리우스는 "그리스도는 스스로 하나님이 아니시며 영원 전에 성부 하나님께로부터 나신 하나님이시고 그의 본질은 성부 하나님께 종속되어 있다"고 보았던 오리겐의 종속론을 극단적으로 발전시킨 인물입니다.

그는 성자란 완전한 하나님이 아니며 사람보다 우월한 최초의 피조물이라고 주장합니다. 즉 완전한 하나님도 아니고 그렇다고 사람도 아닌, 즉 반신반인(半神半人)과 같은 존재라고 주장하였던 것입니다. 그러나 그의 견해는 성부와 성자의 동일 본질(homoousia)을 주장한 아타나시우스(Athanasius, 295~373)와 니케아 회의(325)를 통하여 이단으로 정죄되었습니다.

물론 예수님께서 하나님이심을 증명할 수 있는 방법은 없습니다. 이것은 이성이나 논리적 합리성으로 증명될 수 있는 것이 아닌 신앙의 문제이기 때문입니다. 그러나 성경에는 예수님께서 하나님이심을 표현하는 여러 구절들과 사건들이 발견됩니다. 하나님 아버지에게만 돌려질 수 있던 비공유적 속성들이 예수 그리스도의 삶에서도 발견되고 있습니다.

예수님의 전지성

예수님은 사람의 마음속 깊은 곳을 아시는 것을 통해 자신의 신성을 드러내셨습니다. 종교 지도자들이 예수께서 행하시는 일을 마음속으로 비판하고 있을 때 "너희 마음에 무슨 생각(의논: 한글개역)을 하느냐"고 꾸짖으셨습니다(눅 5:22). 안식일 날 손 마른 사람이 회당에서 예수님을 만났을 때에도, 사람들이 악한 마음을 가지고 '예수가 율법을 어기고 안식일에도 병을 고치는가? 아니면 입으로는 사랑을 말하면서도 고치지 아니하는가?'를 시험하기 위해서 지켜보았을 때 예수님은 '그들의 생각을 아셨다'고 말씀합니다.

또 예수께서는 사마리아 땅에 들어가셨을 때 만난 여인이 다섯 남편을 가졌고 지금 살고 있는 남자도 자기의 남편이 아니라는 사실을 지적하심으로 자신의 전지성을 보여주셨습니다. 또한 예수께서는 과거의 일뿐만 아니라 미래의 일도 알고 계셨습니다. 누가 자신을 팔지(요 6:64), 언제 세상을 떠나실지도 다 아셨습니다(요 12:32-33).

이러한 사실은 하나님의 전지성이 예수께도 귀속될 수 있음을 단적으로 보여줍니다.

예수님의 전능성

요한계시록 1장 8절은 "주 하나님이 이르시되 나는 알파와 오메가라 이제도 있고 전에도 있었고 장차 올 자요 전능한 자라 하시더라"고 말씀하십니다. 또한 예수님은 귀신을 쫓아내시고, 여러 가지 병을 고치시고, 바람과 바다를 잔잔하게 하시고, 물고기 두 마리와 떡 다섯 개로 5천 명의 장정을 먹이는 등 놀라운 기적들을 행하셨습니다.

더 나아가 중풍병으로 고생하던 중 친구들에 의해 침상에 실려 온 환자에게 주님은 "작은 자야 네 죄 사함을 받았느니라"(막 2:5)고 말씀하셨습니다. 예수님 당시의 유대인들은 오직 하나님만이 사람의 죄를 사하실 수 있다고 믿었습니다(막 2:7). 죄의 용서와 함께 죄의 결과인 병까지 고쳐 주심으로써 예수님은 자신이 죄를 사하는 권세가 있는 하나님이심을 보여주신 것입니다.

예수님의 편재성과 불변성

성경은 예수님의 편재성을 증거하고 있습니다. 물론 부활하시기 전에는 예수께서 편재성을 나타내지 않으셨습니다. 인간으로서의 예수를 위해 하나님으로서의 당신의 능력을 낮추셔야 했기 때문입니다. 하지만 부활하신 후에는 문이 잠긴 다락방에 들어오시는 등 공간과 시간에 얽매이지 않는 모습을 보여주셨습니다.

또한 "볼지어다 내가 세상 끝날까지 너희와 항상 함께 있으리라"(마 28:20)고 말씀하셨던 것처럼 오늘날 온 세상 곳곳에 그리스도의 흔적들 그리고 그 놀라운 사역들이 넘쳐나고 있습니다. 주님의 영이 우리와 함께 계시기 때문입니다.

또 성경은 예수님의 불변성을 말합니다. 히브리서 1장 12절은 이렇게 말합니다. "의복처럼 갈아입을 것이요 그것들은 옷과 같이 변할 것이나 주는 여전하여 연대가 다함이 없으리라." 히브리서 13장 8절에서는 "예수 그리스도는 어제나 오늘이나 영원토록 동일하시니라"고 증거합니다. 알파요 오메가이신 예수님은 세상의 시초요 마지막인 분이시며 성부 하나님처럼 그 말씀과 언약에 변함이 없는 참 하나님이십니다.

예수님의 도덕성

예수님의 도덕성을 볼 때 우리는 또한 하나님이심을 고백하지 않을 수 없습니다. 성경은 모든 인간이 하나님 앞에서 죄인이고 또 죄를 범하지 않을 수 없음을 말하나 동시에 예수님은 죄가 없으신 분임을 증거하고 있습니다. "그가 우리 죄를 없애려고 나타나신 것을 너희가 아나니 그에게는 죄가 없느니라"(요일 3:5).

또한 십자가에 달려 죽으시던 그 와중에도 우리의 죄를 용서해 주시기를 바랐던 그 사랑에 우리는 하나님이라고 고백합니다. "예수를 향하여 섰던 백부장이 그렇게 숨지심을 보고 이르되 이 사람은 진실로 하나님의 아들이었도다 하더라"(막 15:39). 주님의 가르침을 받은 적이 없던 백부장이 주님을 하나님의 아들이라 고백하였던 것은 바로 원수까지 용서하시기를 원하던 주님의 십자가의 사랑 때문이었습니다.

우리는 성경에 나타난 예수님의 신성의 여러 증거들을 보았습니다. 하지만 '예수님께서 하나님이시다' 또는 '하나님의 아들이시다'라는 고백은 이러한 증거들로 확인되거나 증명될 수 없는 것입니다. 이것은 오로지 우리의 입으로, 마음에서 고백되는 것입니다. 우리는 오직 믿음을 통해서만 "예수 그리스도는 하나님이시다"라는 고백을 할 수 있습니다.

스물두 번째 날

양성의 결합과 단일 위격

　우리는 앞서 예수 그리스도는 완전한 인성을 가지신 분임과 동시에 완전한 신성을 가지신 분이심을 살펴보았습니다. 죄를 범한 존재가 인간이기에 형벌은 분명 인간이 감당해야 할 몫입니다. 그러나 죄에 물든 인간은 죄의 삯을 지불할 힘도, 하나님께 온전히 순종할 능력도 없습니다. 오직 하나님만이 죄의 대가를 치르실 수 있습니다. 이처럼 구속 사역에 있어 인성과 신성이 모두 필수적이기에 말씀이신 하나님께서 육신이 되신 것입니다.

　그러나 여전히 질문은 남습니다. 예수 그리스도 안에서 인성과 신성은 어떻게 결합되어 있는 것일까요? 두 본성을 가진 예수 그리스도는 하나의 인격을 가진 분일까요, 아니면 두 인격을 가진 분일까요?

그리스도의 단일 인격에 관한 논쟁은 5세기에 가장 절정에 이르렀습니다. 콘스탄티노플의 대감독이자 안디옥 학파의 대표적인 신학자였던 네스토리우스(Nestorius, 미상~451 추정)는 두 본성의 구별을 강조하였습니다. 그는 그리스도의 신성을 부인한 아리우스를 배격함과 동시에, 신적인 로고스가 인간의 영혼의 위치를 차지했다고 주장한 아폴리나리우스 역시 배격하였습니다. 네스토리우스는 예수 그리스도 안에서 인성과 신성이 서로 구별되어 존재함을 강조하였습니다.

물론 네스토리우스가 신성과 인성 간의 연관성을 부인한 것은 아니었습니다. 두 본성이 예수 그리스도라는 한 존재 안에 공존하는 것이며 연합을 이루는 것임에는 틀림이 없습니다. 그러나 본질과 능력에 있어서의 결합은 아닙니다. 따라서 그는 신모설(神母說: 마리아를 '하나님의 어머니', 즉 '테오토코스'(theotokos)라 부르는 것)에 극렬하게 반대하였습니다. 마리아는 예수 그리스도의 인성의 어머니는 될 수 있지만 신성은 결코 탄생될 수 없는 것이기에 '하나님의 어머니'는 될 수 없다는 것이었습니다.

또한 네스토리우스는 신성과 인성의 구별을 강조하는 가운데 '속성의 교류'(communicatio idiomatum)의 교리 역시 배격하였습니다. 그가 '속성의 교류'를 반대한 이유는, 만일 인성과 신성간의 본질과 능력에 있어서 교류를 강조하다 보면 인성이 희생될 수밖에 없기 때문이었습니다. 실제로 인성과 신성간의 결합을 강조한 신학자들은 별빛이 태양빛에 묻히듯 또는 식초가 대양에서 아무런 신맛을 내지 못하듯, 실상 인성이 신성 안에서 사라질 수밖에 없다고 보았습니다.

따라서 네스토리우스는 만일 인성과 신성간의 본질적 속성의 교류를 말한다면 필연적으로 신성과 인성이 결합된 이상한 제3의 속성을 말하거나 인성을 희생시키거나 부인하는 결과가 나올 수밖에 없다고 보았습니다.

네스토리우스의 이러한 견해에 가장 강력한 반대자는 알렉산드리아 학파의 대표적인 신학자였던 키릴(Cyril 또는 Cyrillus, 376~444 추정)이었습니다. 키릴은 네스토리우스와는 달리 두 본성의 인격적 결합을 강조하였습니다. 그는 성육신 이전에는 추상적(또는 이론적)으로 두 본성이 있었지만 성육신 이후에는 실상 오직 하나의 성질, 신적임과 동시에 인간적인 성질만이 있을 뿐이라고 말하였습니다.

즉, 그리스도에게 있어서 신성과 인성의 구별은 결합되기 이전에 추상적으로만(in abstracto) 가능한 것이며, 성육신 이후에는 오직 하나의 신적 – 인간적 속성에 대해서만 말할 수 있다고 주장한 것입니다. 키릴은 그리스도께서는 두 본성을 가진 단일한 인격, 오직 한 분임을 강조하려 했습니다. 그리고 이 기초 위에서 속성의 교류를 주장하였습니다. 예를 들어, 신성인 로고스는 고통이나 고난을 받으실 수 없으나 자신과 결합된 인성으로 인하여 고난을 당하신 것입니다.

키릴은 네스토리우스의 두 본성의 구별을 강조하는 신학적 경향이 결국 예수 그리스도를 두 인격, 두 객체로 나누는 것이라고 비판하였습니다. 반대로 네스토리우스는 키릴의 두 본성의 결합을 강조하는 속성의 교류 이론이 그리스도의 온전한 인성을 부인하는 것이라고 비판하였습니다.

많은 교회사가(敎會史家)들이 말하는 것처럼, 네스토리우스와 키릴의 논쟁을 단순한 신학적 논쟁으로 보는 것은 타당하지 않습니다. 실상 이 논쟁의 이면에는 콘스탄티노플의 감독들과 알렉산드리아 감독들 사이의 정치적 반목이 자리하고 있었기 때문입니다.

그렇다면 누가 승리했을까요? 키릴은 알렉산드리아 학파를 대변하는 뛰어난 신학자임과 동시에 교회정치에 매우 능한 사람이었습니다. 회의를 공인한 황제는 실상 네스토리우스의 편을 들고자 하였으나 키릴을 지지하는 교회의 정치세력을 잠재울 수는 없었습니다. 결국 키릴은 431년 에베소에서 열렸던 제3차 세계 종교회의에서 네스토리우스를 정죄하는 데 성공하였습니다. 그러나 키릴 역시 황제 테오도시우스 2세에 의하여 공직에서 면직당하는 대가를 치러야 했습니다.

결국 양성과 단일 위격에 관한 교회의 최종적 결론은 그로부터 20년이 지난 451년 칼케돈 신조에서 아래와 같이 표현되었습니다.

> 그는 신성에 따라서는 만세 전에 아버지에게서 나셨으나, 인성을 따라서는 이 마지막 날에 우리와 우리의 구원을 위하여 동정녀 마리아 곧 하나님의 어머니에게서 탄생되셨다. 그분은 한 분이며 동일한 그리스도, 아들, 독생자이시다. 그분은 혼합될 수 없고, 변화될 수 없고, 나누일 수 없고, 분리될 수 없는 두 성질을 가지고 계신다. 두 성질의 구별은 결합으로 인하여 결코

없어지는 것이 아니라 오히려 각각 그 속성을 보존하고 있으며, 두 성질은 한 인격과 한 존재 안에서 일치되어 두 인격으로 분할되거나 나뉘지 아니하고 한 분이시며, 동일한 아들, 독생자, 말씀이신 하나님, 주 예수 그리스도이시다.

칼케돈 신조를 보면 네스토리우스가 주장한 두 본성의 구별과 키릴이 주장한 두 본성의 결합이 절묘하게 조화를 이루고 있음을 알 수 있습니다. '혼합될 수 없고, 변화될 수 없고'와 '두 성질의 구별은 결합으로 인하여 결코 없어지는 것이 아니라 오히려 각각 그 속성을 보존하고 있으며'라는 문구들은 분명 네스토리우스를 대표로 한 안디옥 학파의 의견을 수용한 것이었고, '나뉠 수 없고, 분리시킬 수 없는'과 '두 성질은 한 인격과 한 존재 안에서 일치되어 두 인격으로 분할되거나 나뉘지 아니하고 한 분이시며'라는 문구들은 키릴을 대표로 하는 알렉산드리아 학파의 의견을 수용한 것이었습니다.

"예수 그리스도 안에 있는 신성과 인성의 결합은 어떻게 가능한가? 또한 이 둘이 어떻게 한 인격체 안에서 하나의 의지로서 작용하는가?" 이 문제에 대한 완전한 해답은 오직 하나님만이 주실 수 있을 것입니다.

우리는 오늘도 신앙에 의지하여 '그리스도께서는 완전한 하나님이시요 완전한 인간이시며, 이 두 가지 본성들은 한 인격체이신 예수 그리스도 안에서 결합되어 있다'고 고백합니다.

스무세 번째 날

예수 그리스도의 사역
: 선지자, 제사장 그리고 왕

　예수 그리스도는 어떤 사역을 담당하고 계실까요? 전통적으로 신학은 예수 그리스도의 사역을 기름을 부어 세움을 받은 선지자(또는 예언자), 제사장 그리고 왕이라는 삼중직의 예표를 통해 진술하고 있습니다. 이러한 명칭들은 예수님이 온 인류에 하나님과 그분의 진리를 계시하셨다는 사실(선지자), 하나님과 우리의 관계를 화해시키셨다는 사실(제사장), 그리고 온 세상의 주(Lord)로서 과거, 지금 그리고 장차 올 미래에도 통치하실 것이라는 사실(왕)에 기초하고 있습니다.

1. 계시하시는 선지자

성경은 먼저 예수님을 선지자라고 말씀합니다. 성경의 많은 무리들은 예수님을 선지자라고 생각하였습니다.

> "여자가 이르되 주여 내가 보니 선지자로소이다"(요 4:19).
> "그 사람들이 예수께서 행하신 이 표적을 보고 말하되 이는 참으로 세상에 오실 그 선지자라 하더라"(요 6:14).

예수님 역시 스스로 선지자라는 정체성을 가지고 계셨습니다.

> "예수께서 그들에게 말씀하시되 선지자가 자기 고향과 자기 집 외에서는 존경을 받지 않음이 없느니라 하시고"(마 13:57).

분명 예수님께서 구약의 선지자들과 많은 부분 유사한 사역을 담당하셨음은 틀림없습니다. 특별히 즉각적인 회개를 촉구하는 메시지, 사회와 종교의 타락에 대한 경고, 장차 일어날 일에 대한 예언, 그리고 심판의 메시지를 전하시는 모습은 분명 구약의 선지자들의 사역(책망, 경고, 예언)과 유사한 모습을 보이고 계십니다.

그러나 선지자로서의 예수님의 사역과 구약의 선지자들의 사역에는 커다란 질적 차이가 존재합니다. 구약의 선지자들은 하나님이 전해 주신 진리를 부분적으로만 인식하고 자신들이 들은 것을 전할 따름이었습니다. 그러나 주님은 성경이 밝히는 것처럼 단순히 진리를 전하시는 선지자가 아니라 그분 자신이 영원한 진리이십니다. 주님은 자신이 진리이시며 자신을 아는 것이 곧 하나님을 아는 것임을 밝히 보여주셨습니다.

> "예수께서 이르시되 내가 곧 길이요 진리요 생명이니 나로 말미암지 않고는 아버지께로 올 자가 없느니라 너희가 나를 알았더라면 내 아버지도 알았으리로다 이제부터는 너희가 그를 알았고 또 보았느니라"(요 14:6-7).

주님은 진리와 하나님의 실체를 단순히 전하신 것이 아니라 실제로 보여주신 하나님의 완전한 계시이신 것입니다.

2. 중보와 화해의 제사장

다음으로 성경은 주님을 제사장이라고 말씀합니다. 히브리서 기자는 제사장, 특별히 큰 대제사장으로서 주님의 모습을 강조합니다.

> "그러므로 우리에게 큰 대제사장이 계시니 승천하신 이 곧 하나님의 아들 예수시라 우리가 믿는 도리를 굳게 잡을지어다"(히 4:14).

제사장으로서 예수께서 감당하시는 사역은 구약의 제사장들과 크게 다르지 않습니다. 바로 중보와 화해의 사역이 그것입니다. 과거 사무엘과 같은 구약의 제사장들이나 하나님의 사람들이 백성들을 위해 중보했던 것처럼, 주님 역시 이 땅에 거하시는 동안 제자들을 위해 그리고 그들로 인해 믿음을 가질 미래의 제자들을 위해 많은 중보기도를 하셨습니다(요 17장).

또한 사도 바울은 그 누구도 우리를 대적하거나 고발할 수 없음을 말하면서, 주님이 우리를 위하여 하나님의 우편에서 늘 간구하고 계심을 증언하고 있습니다(롬 8:31-34). 또한 구약의 제사장들이 제사를 통해 죄를 사함 받게 한 것처럼, 예수께서도 스스로 화목제물이 되심을 통해 우리의 죄를 사함 받게 하시고 하나님과 우리의 관계를 회복하셨습니다.

그러나 구약의 제사장들과 예수님의 중보와 화해의 사역은 궁극적인 질적 차이가 존재합니다. 구약의 대제사장들은 스스로의 죄를 위하여 제사를 먼저 드려야 했던 것과는 달리 예수님은 죄가 없으시기에 스스로를 위해 제사하실 필요가 없었습니다(히 4:15). 또한 과거 구약의 제사장들이 행한 중보와 화해의 사역은 일회적으로만 유효한 까닭에 계속해서 중보와 속죄의 제사를 드려야 했던 것과는 달리, 주님의 중보와 화해는 단번에 드려진 영원한 중보요 화해인 것입니다.

"그는 저 대제사장들이 먼저 자기 죄를 위하고 다음에 백성의 죄를 위하여 날마다 제사 드리는 것과 같이 할 필요가 없으니 이는 그가 단번에 자기를 드려 이루셨음이라"(히 7:27).

3. 통치하시는 왕

마지막으로 성경은 예수님을 온 천하 만물을 다스리시는 통치자, 왕으로 묘사합니다. 선지자 이사야는 예수님을 장차 다윗의 위에 앉으실 정의와 공의의 통치자로 묘사하였으며(사 9:7), 히브리서 기자 역시 주님의 왕권을 이렇게 찬송합니다.

> "아들에 관하여는 하나님이여 주의 보좌는 영영하며 주의 나라의 규는 공평한 규이니이다"(히 1:8).

또한 주님 역시 스스로 영광의 보좌에 앉으실 왕으로(마 19:28) 표현하셨으며, 빌라도의 "네가 왕이냐"라는 질문에 스스로 왕이시며 이를 위하여 세상에 오셨다고 증거하셨습니다(요 18:37).

물론 통치한다는 점에서는 구약의 왕들의 왕권과 주님의 왕권이 유사점이 있는 것이 사실입니다. 그러나 여기에도 현격한 질적 차이가 존재합니다. 구약시대의 왕들의 왕권이 제한적, 일시적 성격을 가지고 있는 반면에 예수님의 왕권은 무제한적이고 영원한 왕권이시기 때문입니다. 그리스도는 만물을 지으시고(요 1:3) 천하 만물의 으뜸이 되시는(골 1:18) 영원한 통치자이신 것입니다.

사도 바울은 빌립보서에서 주님의 무제한적인 우주적 왕권을 이렇게 선포합니다.

> "이러므로 하나님이 그를 지극히 높여 모든 이름 위에 뛰어난 이름을

주사 하늘에 있는 자들과 땅에 있는 자들과 땅 아래에 있는 자들로 모든 무릎을 예수의 이름에 꿇게 하시고 모든 입으로 예수 그리스도를 주라 시인하여 하나님 아버지께 영광을 돌리게 하셨느니라"(빌 2:9-11).

그리스도의 영원하신 왕권이 완전히 드러나는 종말의 날, 만물은 그분의 주 되심을 노래할 것입니다.

예수님은 선지자, 제사장, 왕이라는 모든 직책의 완성이십니다. 그러나 예수님의 사역 또는 삼중 직무 중 신학적으로 가장 중요한 주제가 되어 온 것은 그분의 제사장적 사역이신 속죄의 사역입니다.

다음으로 우리는 주님의 속죄에 대한 다양한 이론(속죄론)들을 살펴볼 것입니다.

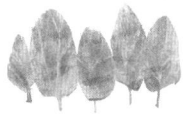

스물네 번째 날

주관적 유형의 속죄론

그리스도께서는 어떻게 자신의 백성들의 죄를 사하고 구원을 성취하셨을까요? 이 질문에 대한 응답을 신학에서 속죄론(Atonement)이라고 부릅니다. 속죄론은 크게 두 가지 형식으로 구분할 수 있는데, 그리스도의 죽음은 하나님께 바쳐진 희생제물이었으며 이를 통해 객관적으로 속죄를 입게 되었다는 객관적 속죄론과 그리스도의 희생적 죽음이 인간의 보편적 상황을 변화시킨 것이 아니라 인간의 내적 변화를 가져왔다는 주관적 속죄론으로 나눌 수 있습니다.

오늘은 먼저 주관적 유형에 속하는 몇 가지 중요한 속죄론들을 살펴보려고 합니다.

도덕감화설(The Moral Influence Theory)

도덕감화설은, 그리스도의 십자가의 죽음은 인간의 죄를 사함 받게 하는 객관적 효력을 지닌 것이 아니라 하나님의 사랑을 인간의 마음에 계시하고 감동을 주어 하나님의 사랑에 상응하는 사랑을 불러일으킨다고 주장합니다.

이러한 견해는 초대 교회의 교부인 오리겐(Origen) 이후에 많은 신학자들이 주장해 왔으나 가장 대표적으로 이 견해를 확립한 사람은 피에르 아벨라르(Peter Abelard, 1079~1142)였습니다.

그에 따르면 인간의 죄는 하나님과 인간 사이의 객관적인 장벽이 아니라 주관적인 마음의 단절에 불과합니다. 이 마음은 그리스도의 죽음으로 말미암아 인간의 마음에 각성되는 사랑에 의해서 극복되는 것입니다. 각성된 사랑이 인간으로 하여금 하나님에 복종하는 삶을 살아가도록 해줌으로써 우리와 하나님의 관계를 회복시킨다는 것입니다.

하나님의 사랑을 강조하는 점에서, 또한 하나님의 사랑에 대하여 인간이 마땅히 취해야 할 적절한 응답과 책임을 제시한다는 점에서 도덕감화설이 장점을 가지고 있는 것은 사실입니다. 그러나 그리스도의 신적 사랑과 우리의 인간적 사랑의 질적 차이를 고려하지 않는다는 점에서, 감상적 사랑만을 강조하여 하나님의 공의를 정당하게 다루지 못한다는 점에서, 그리고 무엇보다도 죄의 형벌을 경시한다는 점에서 이 속죄론은 커다란 약점을 가지고 있습니다.

모범설(The Example Theory)

모범설은 아벨라르의 도덕감화설을 더욱 극단적으로 발전시킨 이론으로서 소시니우스(F. Socinius, 1538~1604)에 의하여 주장된 속죄론입니다. 소시니우스의 이름을 따라 소시니우스설(Socinian Theory)이라고도 불리는 이 속죄론은, 예수 그리스도께서 우리의 죄를 대신하여 십자가에 달리셨다는 대속적 개념을 전면 부인하는, 즉 죄의 형벌이나 속죄의 절대적 필요성을 부인하는 견해를 가지고 있습니다.

이 견해에 의하면 예수님이 이루신 새 언약은 대속적 죽음이 아니라 절대적 용서입니다. 다시 말하여, 예수님의 죽음의 진정한 가치는 대속적 죽음에 있는 것이 아니라 우리가 살아야 할 헌신된 삶의 완벽한 모범을 보여준 것에 있다는 말입니다.

소시니우스의 속죄론의 중요한 이론적 배경은 인간의 자유의지와 사랑의 하나님에 대한 신뢰에 있습니다. 소시니우스는 인간은 도덕적으로는 물론 영적으로도 하나님의 뜻을 이룰 수 있는 능력, 자유의지를 가지고 있다고 주장하였습니다. 또한 하나님은 보복적인 공의의 하나님이 아니라 모든 것을 용서하시는 사랑의 하나님이십니다. 따라서 하나님은 대속을 필요로 하시거나 요구하시지 않습니다.

더 나아가 예수 그리스도는 결코 하나님이 아닙니다. 그는 진리를 위해 순교한, 우리에게 삶과 신앙의 모범을 보여준 한 인간에 불과합니다. 그러나 예수님의 죽음은 인간의 구속에 영향을 미치는데, 삶과 죽음을 통해 보여준 예수님의 믿음과 순종의 모범이 우리에게 도덕적 변화와 영감을 불러일으키고 하나님과의 관계를 회복시키기 때문입니다. 인간은 신적인 존재의 대속이 아니라 인간 자신의 의지와 개혁을 통해서만 하나님과의 관계를 회복할 수 있는 것입니다.

이 속죄론이 가지고 있는 장점은 삶의 모범으로서 그리스도를 강조한다는 점입니다. 그리고 이러한 모범은 성경적 근거도 가지고 있습니다.

> "그리스도도 너희를 위하여 고난을 받으사 너희에게 본을 끼쳐 그 자취를 따라오게 하려 하셨느니라"(벧전 2:21).

그러나 이 속죄론은 아벨라르의 도덕감화설에 주어졌던 모든 비판들로부터 자유로울 수 없습니다. 더 나아가 대속의 필연성을 부인하기 때문에 그리스도의 필요성을 경시하는 또 예수 그리스도의 신성을 부인하는 치명적 단점을 가지고 있습니다.

신비설(The Mystical Theory)

신비설 역시 속죄를 인간의 내면에 변화를 주는 주관적인 것으로 본다는 점에서 도덕감화설이나 모범설과 동일함을 보여주고 있습니다. 그러나 인간에게 일어난 변화를 단순한 도덕적 변화로 보기보다 신비적, 영적으로 일어난 심오한 변화로 본다는 점에서 차이점을 보이고 있습니다. 신비설의 가장 대표적인 신학자는 현대신학의 아버시라 불리는 슐라이어마허(Friedrich Schleiermacher, 1768~1834)를 들수 있습니다.

슐라이어마허에 의하면 예수 그리스도는 인간의 완전한 이상이자 모범입니다. 예수 그리스도는 완전한 신 의식(God-consciousness)을 가진 존재입니다. 슐라이어마허는 신 의식을 통하여 예수 그리스도의 완전성과 무죄성을 말할 수 있다고 보았습니다. 비유적으로 인간의 의식이 하나의 물병이고, 공기가 죄이고, 물이 신 의식이라고 가정했을 때, 물 곧 신 의식이 채워질수록 공기 곧 죄의 자리는 작아질 수밖에 없습니다. 만일 자의식이 신 의식으로 완전하게 채워진다면 죄의 자리는 없어지는 것입니다. 이러한 의미에서 예수 그리스도는 완전한 신 의식을 소유한 존재이기에 죄가 없습니다.

따라서 예수 그리스도는 인간의 완전한 이상, 제2의 아담이라 할 수 있습니다. 동시에 그리스도는 하나님의 구속 능력을 전달하는 중보자입니다. 그리스도는 도덕감화설이나 모범설이 주장하는 것처럼 단순히 하나님에 대한 새로운 교훈이나 감동만을 전하는 교사가 아닙니다. 그리스도가 제공하는 것은 자신의 인격과 신 의식 속에 구현된 하나님의 능력입니다. 그리스도는 자신의 신 의식의 능력 속으로 사람들을 끌어들임으로써 그들을 구원합니다.

그러나 이 속죄론 역시 그리스도의 신성과 성육신에 대한 성경적 증언을 올바르게 취급하지 못하며, 또한 죄의 심각성과 죄의 형벌을 경시한다는 점에서 한계를 보여줍니다.

앞에서 보듯이 예수 그리스도의 대속의 객관적 측면보다 인간 내부의 변화를 강조하는 주관적 유형의 속죄론들은 성경의 증언들과 일치하지 않을 뿐 아니라, 그리스도의 신성을 부인하거나 더 나아가 구속의 절대적 필연성을 약화시키는 심각한 문제들을 가지고 있기에 전통신학에 의해 비판받아 왔습니다.

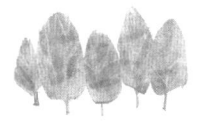

스물다섯 번째 날

객관적 유형의 속죄론

오늘은 지난 주관적 유형의 속죄론들에 이어, 그리스도의 죽음은 하나님께 바쳐진 희생 제물이었으며 이를 통해 객관적으로 속죄를 입게 되었다는 객관적 유형에 속하는 몇 가지 중요한 속죄론들을 살펴보고자 합니다.

1. 총괄갱신설(The Recapitulation Theory)

초대 교회에서 상당한 영향력을 가지고 있던 속죄론 중 하나였으며 대표적 옹호자는 이레니우스(Irenaeus, 140~203)입니다. 그는 그리스도께서 모든 인류의 대표로서 구속의 역사를 이루셨다고 주장하였습니다. 즉, 그리스도께서 사람이 되시고 십자가에서 죽으심으로써 하나님의 공의를 만족시키셨으며, 이로써 아담이 죄를 범함으로 인해 죽었던 모든 사람들을 새롭게 하셨다는 것입니다. 다시 말하여, 아담이 자신 안에 그의 모든 후손들을 죄에 포함시킨 것과 같이 그리스도는 모든 인간들을 자신 안에서 깨끗하게 총괄 갱신하셨다는 것입니다.

그러나 총괄갱신설은 이론적으로 명확하지 못하다는 단점을 가지고 있습니다. 십자가보다 성육신 자체가 속죄에 효과가 있는 것으로 표현하기도 하고, 또 세례받은 자는 중생하고 죄 사함을 받는다고 주장하면서도 이신칭의(以信稱義, Justification by faith)를 말하지 않을 뿐 아니라, 윤리적 변화를 강조하는 도덕주의적 경향은 물론 신비주의적 경향, 심지어 보편구원론적인 경향 역시 가지고 있었습니다. 한마디로 뭔가 엉성하고 명확하지 못한 논리를 가지고 있습니다. 이러한 섬에서 비교적(秘敎的, esoteric)인 속죄설이라 여겨지곤 하였습니다.

2. 속전설(The Ransom Theory)

교부시대에 가장 큰 영향력을 끼친 객관적 속죄론은 속전설이었습니다. 이 속죄론은 그리스도의 십자가의 죽음이 사탄에게 지불해야 할 정당한 대가라는 개념에 근거하고 있습니다. 속전설의 대표적 옹호자로는 오리겐(Origen, 185~254로 추정)을 들 수 있는데, 그는 그리스도의 죽음은 사탄으로부터 죄인들을 데려오기 위해 지불된 정당한 대가라고 주장하였습니다. 다시 말하여, 사탄이 종으로 삼은 인간들을 구원하기 위하여 그리스도께서 죽으심으로 사탄에게 대가를 지불하고 자기 백성을 구속하였다는 것입니다. 사탄은 인간에 대한 지배권을 포기하는 대신 예수의 영혼의 주인이 되고자 하였습니다. 그만큼 죄가 없는 순결한 예수의 영혼은 소유하고 싶은 것이었기 때문이었습니다.

그러나 사탄은 자신의 생각과는 다르게 그리스도를 자신의 영원한 소유로 삼을 수 없었는데, 그리스도가 자신의 신성을 이용하여 사망을 이기고 부활해버렸기 때문입니다. 결국 사탄은 죽음에서 부활할 수 있는 예수의 신성을 눈치 채지 못하고 속은 것입니다.

물론 속전론은 (1) 이론을 뒷받침할 정당한 근거가 없음은 물론, (2) 사탄의 능력을 하나님과 동등하게 간주한다는 점에서, 또한 (3) 하나님을 속임수에 능한 분으로 묘사한다는 점에서 부조리하다고 여겨져 왔습니다. 그럼에도 이 속죄론은 신화적 흥미를 주었기 때문인지 안셀름의 만족설이 나타나기까지 여러 교부들에게 두드러진 지위를 인정받아왔습니다.

3. 만족설(The Satisfaction Theory)

혹자는 상거래설(The Commercial Theory)이라 다소 폄하하여 부르곤 하는 만족설은, 중세의 대표적 신학자인 안셀름(Anselm, 1033~1109)이 자신의 대표적인 저서인 《왜 하느님은 인간이 되었는가?》(*Cur Deus Homo*)에서 주장한 속죄론입니다. 그에 따르면 인간의 죄는 하나님께 돌려야 할 마땅한 영광을 돌리지 않은 것이라 할 수 있습니다.

따라서 하나님은 인간의 죄로 인하여 잃어버린 영광에 대한 대가를 요구하시는데, 이것은 인간에게 형벌(영원한 죽음)을 내리거나 아니면 만족(보상)을 통하는 둘 중 한가지의 방법으로만 이루어질 수 있었습니다. 하나님은 후자를 요구하셨지만 인간의 힘으로는 이 대가를 지불할 수 없습니다. 왜냐하면 아무리 인간이 최선을 다해 하나님께 순종과 영광을 돌리더라도 그것은 피조물로서 돌려야 할 당연한 것에 불과하기 때문입니다.

인간은 어떻게 해야 잃어버린 하나님의 만족을 채울 수 있을까요? 방법은 없습니다! 오직 하나님께 만족을 드릴 수 있는 존재는 하나님 자신밖에는 없습니다. 그러나 하나님과 인간의 관계에서 배상이라는 조건이 성립하려면 이 만족은 또한 인간이 드려야 합니다. 여기서 하나님의 시혜가 나타납니다. 바로 하나님이시면서 동시에 인간인 누군가에 의해서 드려지면 가능합니다. 따라서 예수 그리스도가 세상에 오신 것입니다.

물론 안셀름의 만족설은 비교적 완전한 형태의 최초의 속죄이론으로 평가받았고 아직까지도 그의 속죄론이 어느 정도 영향력을 끼치고 있는 것이 사실입니다. 그러나 그의 속죄론은 (1) 속죄의 필요성을 하나님의 공의가 아닌 하나님의 명예(영광)에 둔다는 점에서, (2) 하나님을 자비와 사랑이 아닌 만족만을 요청하시는 차가운 분으로 묘사한다는 점에서, 또한 (3) 그리스도의 배상적 죽음만을 강조할 뿐 그분의 삶과 가르침에 관심하지 않는다는 점에서 타당한 속죄론으로 받아들이기는 어렵습니다.

4. 형벌대속설(The Penal Substitutionary Theory)

형벌대속설은 종교개혁자들에 의해 주장된 속죄론으로, 인간이 받아야 할 형벌을 그리스도께서 대신 받으셨음을 강조하는 점에 있어서는 안셀름의 만족설과 유사합니다. 그러나 안셀름과는 다르게 하나님의 만족보다 공의를 강조하며, 또한 그리스도께서 십자가에 달리신 사건은 하나님의 섭리요 사랑임을 강조하여 하나님의 사랑의 속성을 동시에 강조하고자 하였습니다.

이 설은 도덕감화설과 같이 인간 안에 일어나는 사랑을 강조하기보다 그리스도의 십자가에서 나타난 하나님의 사랑을 강조합니다. 그러므로 이 설은 객관적 화해론에 속하며 또한 가장 성경적인 속죄론이라 할 수 있습니다. 그러나 무죄한 자가 악한 자를 위하여 고난을 받음에 대한 비합법성, 인간의 도덕적 책임성을 약화시킨다는 반대 논리의 비판들도 있었습니다.

앞서 살펴본 것처럼 그리스도의 속죄는 매우 다양하고 폭넓게 해석되고 있습니다. 각각의 속죄론들은 진리의 한 부분들을 가지고 있음은 물론 동시에 한계점들도 가지고 있습니다. 교회 전체의 동의를 받는 하나의 속죄론을 찾는다는 것은 어려운 일이지만, 성경적 관점에서 볼 때 형벌대속설이 가장 타당성을 가지고 있다 말할 수 있습니다.

스물여섯 번째 날
그리스도의 십자가

　주님은 형식적인 율법에 얽매여서 율법의 본질인 사랑을 보지 못한 유대의 지도자들과 바리새인과 서기관들에게 사랑만이 진정한 율법의 완성임을 보여주셨습니다. 그리고 안식일에 병을 고치시고, 하나님만이 하실 수 있는 일 곧 죄를 사하여 주시고, 또 유대 지도자들의 외식과 탐욕을 비난하셨습니다. 이러한 주님의 행동은 많은 유대 지도자들의 눈에 가시와도 같았습니다. 그리하여 그들은 세 가지 죄목으로 예수님을 고발하였습니다.

　　(1) 하나님을 모독했다.
　　(2) 왕 노릇 하려고 했다.

(3) 거룩한 성전과 종교 지도자들을 비방하였다.

산헤드린 공의회(유대 지도자들의 회의)의 사형 집행 판결은 첫 번째 항목인 하나님을 모독한 죄 때문이었으며, 유대의 총독이 개입하게 된 계기는 왕 노릇 하려고 했다는 두 번째 항목이었습니다(그러나 빌라도는 이 정치적인 죄에 무죄라 판결했습니다).

그러나 주님께서 십자가에 달리신 보다 큰 이유는 거룩한 성전과 종교 지도자들을 비방했다는 세 번째 이유 때문입니다. 바로 그들의 권위와 기득권에 커다란 위험이 되었기 때문입니다. 이러한 이유로, 그들은 두 강도와 함께 주님을 십자가에 못 박았습니다.

하지만 주님의 십자가에서 돌아가심은 단지 주님을 팔았던 가룟 유다나 유대의 종교 지도자들, 또는 빌라도의 판결 때문이라고 볼 수 없습니다. 주님이 스스로 십자가를 지시지 아니하셨다면 누가 그분을 십자가에 못 박을 수 있었겠습니까? 베드로가 주님을 잡으러 온 병사의 귀를 잘랐을 때 주님은 베드로를 말리시며 이렇게 말씀하셨습니다.

> "너는 내가 내 아버지께 구하여 지금 열두 군단 더 되는 천사를 보내시게 할 수 없는 줄로 아느냐"(마 26:53).

주님께서는 죽음을 피하려고 하셨다면 충분히 죽음의 잔을 피할 수 있었습니다. 그러나 주님께서는 자신의 능력과 권세를 사용하지 않으셨고, 불러올 수도 있었던 천사도 동원하지 않으셨습니다. 주님 자신이 기꺼이 스스로의 생명을 내어놓으신 것입니다. 주님 스스로 군인들의 손에 체포당하셨고, 스스로 십자가에 달리셨습니다.

따라서 주님의 죽으심은 실패나 패배의 관점에서 해석될 수 없습니다. 주님의 십자가는 두 가지 관점에서 이해되어야 하는데, 첫째는 형벌의 대속적인 의미에서이고, 둘째는 하나님과의 관계적인 의미에서입니다.

먼저 주님은 죄의 형벌에서 우리를 자유롭게 하셨습니다. 예수님께서는 자신이 십자가에 달려 돌아가심으로써 우리들이 져야 할 죄의 형벌을 대신 지셨습니다. 예수님의 죽음은 해방의 선언이며, 사형 언도를 받은 자들에 대한 사면입니다. 마가복음 10장 45절에서 주님께서는 이렇게 말씀하십니다.

> "인자가 온 것은 섬김을 받으려 함이 아니라 도리어 섬기려 하고 자기 목숨을 많은 사람의 대속물로 주려 함이니라."

또한 주님은 십자가를 통해 우리와 하나님 간의 관계 회복을 가져오셨습니다. 하나님과의 관계가 단절됨으로써 영적인 죽음을 면치 못했던 인간은 이제 주님께서 '중보자'(mediator)로서 하나님과의 관계를 회복시켜 주심으로 다시금 하나님과 영적인 교통이 가능해졌습니다. 이것은 하나님의 은혜요 하나님의 사랑입니다. 성경은 십자가를 하나님의 사랑의 계시요 상징이라고 말합니다. 요한일서 4장

10절은 이렇게 말하고 있습니다.

> "사랑은 여기 있으니 우리가 하나님을 사랑한 것이 아니요 하나님이 우리를 사랑하사 우리 죄를 속하기 위하여 화목 제물로 그 아들을 보내셨음이라."

물론 대속적인 죽음으로서의 십자가, 하나님과의 관계 회복으로서의 십자가의 의미는 단순히 증명될 수 있는 것은 아닙니다. 이것은 오직 하나님의 은혜로서만 체험할 수 있으며, 믿음으로만 고백될 수 있습니다.

1960년대 말 오하이오의 신시내티 대학에 다니던 어떤 독실한 그리스도교인 학생이 학교에서 찰스 머레이(Charles Murray)라 하는 올림픽 다이빙 선수를 알게 되었습니다. 그는 머레이에게 열심히 예수 그리스도를 전했습니다. 그러나 머레이는 친구의 이야기에 관심을 가지면서도 자기는 아직 예수님을 영접할 준비가 되어 있지 않다고 늘 부정적인 대답을 했습니다. 친구의 전도가 부담스러웠는지, 머레이는 말수가 적어지고 그 친구를 자꾸 피하기 시작했습니다.

그러던 어느 날 그리스도교인 친구는 머레이로부터 전화 한 통을 받았습니다. 그가 드디어 예수님을 구주로 영접하고 그리스도교인이 되었다는 소식이었습니다. 그런데 그 동기가 매우 감동적이었습니다.

머레이는 올림픽 다이빙 선수였기 때문에 대학 내의 실내수영장을 마음대로 사용할 수 있는 특권을 가지고 있었습니다. 예수를 구주로 영접하게 된 날 밤 10시 30분부터 11시 사이에 머레이는 다이빙 연습을 하러 수영장에 갔습니다. 그날은 10월의 아주 맑은 밤으로 큰 달이 밝게 비추고 있었습니다. 다이빙대에 오른 머레이는 뛰어내리기 위해 두 손을 높이 쳐들었습니다. 바로 그 순간 머레이의 눈에 달빛에 비추인 자신의 그림자가 보였습니다. 그것은 십자가 모양이었습니다. 그 십자가의 그림자를 보자 머레이는 가슴 깊은 곳에서 무엇인가 울컥한 것이 올라오는 것을 느꼈습니다. 그는 다이빙대 위에 주저앉아 울면서 하나님께 기도했습니다. 자기가 지은 모든 죄를 용서하고 구원해 달라는 기도였습니다. 이렇게 머레이는 7미터 높이의 다이빙대 위에서 예수님을 영접하였습니다.

그때 갑자기 수영장 안에 전깃불이 켜졌습니다. 수영장 관리인이 수영장 안을 점검하러 들어왔던 것입니다. 그런데 전깃불이 켜져 환한 수영장 밑을 내려다보니 물이 다 빠져서 시멘트 바닥이 훤히 내다보이는 빈 수영장이었습니다. 수영장 보수를 위해서 물을 다 빼냈던 것입니다.

만일 머레이가 십자가 형태의 자신의 그림자를 보지 못했더라면, 그 시간 회개하여 주님을 영접하지 못했더라면 어떻게 되었을까요? 십자가를 통해 생명을 건진 그는 더 이상 예수 그리스도의 십자가를 통한 구원의 은혜를 의심할 수 없었습니다.

스물일곱 번째 날
그리스도의 부활

스스로 이성적이고 합리적이라고 생각하는 어떤 이들은 예수님의 십자가는 믿어도 부활은 믿지 않곤 합니다. 그들에게 있어 부활은 역사적으로나 경험적으로 이해할 수 없는 사실이기 때문입니다. 또 어떤 이들은 부활의 중요성을 경시하곤 합니다. 우리 죄를 구속한 사건은 십자가이지 부활이 아니라고 생각하기 때문입니다.

그러나 사도 바울은 이렇게 말합니다.

"그리스도께서 다시 살아나신 일이 없으면 너희의 믿음도 헛되고 너희가 여전히 죄 가운데 있을 것이요"(고전 15:17).

"네가 만일 네 입으로 예수를 주로 시인하며 또 하나님께서 그를 죽은 자 가운데서 살리신 것을 네 마음에 믿으면 구원을 받으리라"(롬 10:9).

사도 바울은, 주님의 부활은 그리스도교의 가장 중요한 신앙의 핵심이자 구원에 이르게 하는 근본 진리이며, 복음의 본질적 부분임을 강조하고 있습니다.

복음서들의 마지막 부분들과 고린도전서 15장은 예수님의 부활이 분명한 역사적 사건임을 증거하고 있습니다. 막달라 마리아와 다른 여자들에게, 베드로에게, 엠마오로 가는 두 제자에게, 열두 제자와 500여 명의 신도들에게 그리고 승천하시는 날 모인 120명의 성도들에게 주님께서 부활하신 자신의 모습을 보이셨다고 분명히 기록하고 있습니다.

물론 합리적인 신앙만을 추구하는 이들은 이것을 역사적인 사실이 아닌 허구라고 생각할지 모릅니다. 예수님의 부활을 허구라고 주장하는 사람들의 이론들을 몇 가지 기록하자면 아래와 같습니다.

허위설 (The Falsehood Theory)
허위설을 주장하는 사람들은 예수님의 제자들이 밤에 몰래 무덤 속에 들어가 시체를 훔쳐 숨기고 나서 주님은 죽은 것이 아니라 부활하였다고 전파했다고 생각합니다. 물론 파수꾼들이 유대관원에게 무덤이 비었다고 보고했을 때 관원들이 "우리들이 자고 있는 동안에 시체를 훔쳐간 것이라고 말하라"고 시킨 것은 사실입니다. 하지만 그 누가 지어낸 허구 때문에 목숨을 걸까요? 다락방에서 두려움에 떨고 있던 제자들이 용기 있는 자로 새롭게 변화된 사실을 생각해 볼 때 이 설은 받아들일 수 없습니다.

졸도설 (The Swoon Theory)

졸도설은 예수님은 실제로 죽지 않았으며, 단지 기절한 상태에 있다가 깨어났을 뿐인데 이를 보고 제자들이 부활한 것으로 선포했다고 주장합니다. 하지만 모든 피를 흘리고 십자가에서 죽으셨으며 로마 병사들도 죽은 것을 확인했는데, 단지 기절한 것이라니요? 또한 십자가의 고통을 받아 기절한 사람이 몇 사람이 굴리기도 힘든 커다란 무덤 입구의 돌을 굴리고 나왔다고요? 졸도설은 상식적으로 받아들이기 어렵습니다.

실수설 (The Mistake Theory)

실수설은 예수님을 따르던 여인들이 길을 잃고 헤매다가 다른 사람의 무덤을 예수님의 무덤인 줄 알고 들어가 비어 있는 것을 보고 예수님이 부활했다고 말했다는 것입니다. 하지만 누가복음 23장 55절은 이렇게 말합니다. "갈릴리에서 예수와 함께 온 여자들이 뒤를 따라 그 무덤과 그의 시체를 어떻게 두었는지를 보고." 한 사람도 아닌 여러 여인들이 그토록 사랑하는 예수님의 무덤의 위치를 잊어버린다는 것 역시 상식적으로 이해가 되지 않습니다.

신화설 (The Mystical Theory)

예수님은 부활하지 않았지만 다른 종교와 신화에 나오는 부활의 이야기를 본떠서 예수님의 제자들이 부활 이야기를 만들어 냈다는 것입니다. 하지만 부활의 소문은 제자들뿐만이 아니라 다른 목격자들에 의해서 부활하시자마자 알려지기 시작했습니다. 즉, 이야기를 만들어 낼 충분한 시간적 여유가 없었다는 것입니다. 또한 앞서 허위설과 마찬가지로 거짓과 허구에 목숨을 걸 사람들이 어디 있겠습니까?

영체설 (The Spirit Theory)

영체설은 예수님은 죽었고 단지 영만 살아 돌아왔다고 주장합니다. 한마디로 제자들은 예수님의 영의 환상을 본 것에 불과하다는 것입니다. 물론 예수님의 부활하신 육체가 일반 육체와는 다른 육체였던 것은 사실입니다. 문이 잠긴 다락방에 들어오시는 등 시공을 초월하시는 육체, 사도 바울이 말하는 영적 육체인 것은 사실입니다. 하지만 성경의 기록에 따르면, 단순한 영만이 아니시라 음식을 드시고 우리가 만져 볼 수 있는 육체이신 것은 확실합니다. 따라서 단순한 영의 부활이라 말할 수 없습니다.

부활은 인간의 합리성과 경험을 초월하는 것이기에, 입증의 문제가 아닌 신앙고백의 문제입니다. 하지만 다락방에서 두려움에 덜덜 떨면서 밖에 나가 복음을 전하지 못했던 제자들이 담대히 나아가서

복음을 전하게 된 이유는 바로 부활하신 주님을 경험했기 때문입니다. 만일 예수 그리스도의 부활을 경험하지 않았다면 어떻게 십자가에서 힘없이 죽어간 한 사람을 위해 목숨을 걸고 복음을 전파할 수 있었겠습니까?

부활의 진정한 의미는, 바로 십자가에 달려서 죽은 그 예수님이 바로 우리의 구세주 하나님이시라는 것을 성부 하나님께서 증명하신 것입니다. 십자가와 부활의 신앙은 그리스도교의 신앙에 있어서 가장 중요한 보배이자 핵심입니다.

인류를 불행하게 했던 숙적은 두 가지입니다. 하나는 죄요, 다른 하나는 죽음입니다. 이 두 가지 문제를 해결하지 못하였기 때문에 인류는 불행할 수밖에 없었습니다. 죄와 죽음은 이 세상의 어떤 철학, 어떤 제도와 어떤 종교도 해결하지 못했습니다. 그러나 그리스도인은 이 두 가지 문제를 완전히 해결받은 사람들입니다. 예수님께서 십자가에 달리심을 통해 우리의 모든 죄를 대속해 주셨고, 죽음에서 부활하심으로써 우리의 죽음의 문제를 해결해 주셨기 때문입니다. 그리고 이것을 마음으로 믿는 것이 우리의 신앙입니다.

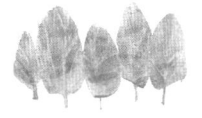

스물여덟 번째 날

성령 하나님의 본성

성부, 성자와 더불어 하나님의 3위를 이루는 성령 하나님을 설명하는 것은 무척 어려운 일입니다. 성부이신 하나님을 이해하는 것은 아버지라는 상징이 우리에게 매우 친숙하기 때문에 크게 어렵지 않습니다. 성자이신 예수 그리스도를 이해하는 것 역시 쉽습니다. 성자는 실제 인간으로 우리에게 나타나셨으며, 성경의 대부분의 기록이 그분에 관한 기록이기 때문입니다.

그러나 성령은 특정한 하나의 상징으로 말하기 어려운 점을 가지고 있어서 - 물론 성경은 바람, 불, 비둘기, 물 등의 상징들을 사용하기는 하지만 - 설명하는 데 많은 어려움이 있습니다. 이처럼 성령의 본성과 사역을 설명하는 것이 어렵다 보니, 많은 사람들이 성령을 자의대로 해석하는 문제가 생기곤 했습니다.

성령의 신성

초대 교회에서 성령에 대한 그릇된 이해는 두 가지 이단의 모습으로 나타났습니다.

첫 번째 형태의 이단은 종속론(subordinationism)이라고 부르는 이단입니다. 이 가르침에 따르면 성자와 성령 하나님은 분명 신성(divinity)을 가지고 있으나 성부 하나님의 신성과 비교해 볼 때 질적 차이(qualitative difference)가 있으며, 성부 하나님께 종속되어 있는 존재들로 보았습니다.

두 번째 형태의 이단은 우리가 그리스도론을 다루면서 이미 살펴보았던 아리안주의(Arianism)인데 4세기 아리우스가 그리스도와 성령의 온전한 신성을 부인하면서 생겨난 것입니다. 물론 아리우스가 성자와 성령의 신성 자체를 부인한 것은 아닙니다. 그러나 성부 하나님의 피조물에 불과한 성자와 성령이 가진 신성은 완전한 신성이 아니라고 주장했습니다. 따라서 하나님의 피조물에 불과한 그들은 결코 숭배의 대상이나 경배의 대상이 될 수 없다는 것입니다. 그의 주장은 초대 교회에 엄청난 큰 파장을 가져왔으며, 결국 황제 콘스탄틴에 의해서 니케아(Nicea)에서 열린 최초의 에큐메니컬 회의에서 정죄되었습니다(A.D. 325).

니케아 회의와 콘스탄티노플 회의(A.D. 381)는 성부와 성자와 성령 하나님은 모두 진정한 하나님이시며 서로 같은 본질을 지닌 동일 본질의 존재이심을, 또한 분리되어 생각될 수 없는 분이심을 결정했습니다. 종속론과 아리안주의를 모두 배격한 것입니다. 성경에 성령의 신성에 대한 직접적인 진술들은 적지만, 성령의 신성과 능력에 관한 간접적인 진술들(롬 15:18; 고전 2:10-11, 3:16-17; 딤후 3:16 등)은 여러 곳에서 찾아볼 수 있습니다. 또한 "모든 민족을 제자로 삼아 아버지와 아들과 성령의 이름으로 세례를 베풀고"(마 28:19)라는 말씀은 분명 성령 하나님께서 성부, 성자 하나님과 함께 온전한 하나님이시라고 주장하고 있습니다.

성령의 인격성

또 하나 흔히 문제가 되는 것은 성령의 인격성입니다. 성령을 '아버지의 영' 또는 '그리스도(아들)의 영'으로 표현하다 보니 성령 하나님을 하나님이 가지신 단순한 능력의 일종이라거나, 성령 하나님께는 인격성이 없다고 생각하기 쉽습니다. 하지만 성경은 성령 하나님께서 분명히 인격성을 지니신 분이심을 증언합니다.

첫째, 성령은 지식을 가지고 계시는 분입니다. 사도행전 5장을 보면 초대 교회 신자들 중 아나니아와 삽비라라는 부부가 헌금을 드리면서 자기들이 땅을 판 돈 중 일부를 감추고 다 드리는 것처럼 속였을 때 베드로 사도는 그들에게 이렇게 말하였습니다. "아나니아야 어찌하여 사탄이 네 마음에 가득하여 네가 성령을 속이고 땅 값 얼마를 감추었느냐"(행 5:3). 사람은 속임을 당할 수 있으나 성령 하나님은 속임을 당하지 않는 분이시며, 또한 모든 숨겨진 일도 다 알고 계시는 하나님이십니다. 또한 요한복음 14장 26절에서 예수님은 성령님에 관하여 이렇게 말씀하십니다.

"보혜사 곧 아버지께서 내 이름으로 보내실 성령 그가 너희에게 모든 것을 가르치고 내가 너희에게 말한 모든 것을 생각나게 하리라."

이처럼 성령은 우리에게 지난날의 가르침을 기억하게 하심은 물론, 새로운 진리를 전해주실 수 있는 지식을 가진 존재이십니다.

둘째, 성령은 의지를 가지신 분입니다. 전도자 빌립에게 성령께서는 사막으로 가라고 명하셨는데, 이는 재무장관을 맡고 있는 에티오피아 내시를 구원하시려는 의지를 나타내시는 사건이었습니다(행 8:26). 즉, 사람으로는 이해할 수 없었어도 의지를 가지고 명령하시는 성령께 순종했을 때 내시 개인만을 구원하신 것이 아니라 에티오피아를 복음화하는 놀라운 사건이 일어난 것입니다.

셋째, 성령은 우리를 위해서 탄식하시는 분입니다. 성령 하나님은 우리가 빌 바를 알지 못하고 연약함 속에 빠져 있을 때 우리를 위하여 말할 수 없는 탄식으로 우리를 위하여 친히 간구하신다고 사도 바울은 말합니다.

"이와 같이 성령도 우리의 연약함을 도우시나니 우리는 마땅히 기도할 바를 알지 못하나 오직 성령이 말할 수 없는 탄식으로 우리를 위하여 친히 간구하시느니라"(롬 8:26).

이처럼 우리는 성경의 증언을 통하여 성령 하나님이 단순히 비인격적 능력이나 힘이 아니라 지식과 의지를 가지신, 그리고 우리를 위해 친히 간구하시는 성부나 성자와 완전하게 동일한 하나님이심을 알 수 있습니다.

그럼에도 불구하고 우리는 삼위일체의 하나님을 말하는 데 두렵고 떨림으로 말해야 합니다. 아우구스티누스가 고백했던 것처럼 인간의 언어로는 이 삼위일체의 신비를 온전히 표현할 수 없으며, 또한 인간의 지식으로 이 신비를 온전히 이해할 수 없기 때문입니다. 이 삼위일체의 신비는 우리의 지식과 언어로서 표현할 수 없는 어려움이지만 또한 우리는 침묵하지 않기 위하여 삼위일체에 관하여 말해야만 합니다.

스물아홉 번째 날
성령 하나님의 사역

성령 하나님은 오늘날 우리 그리스도인들에게 어떠한 의미이실까요? 성령 하나님은 오늘날 우리의 삶 가운데에서 어떠한 사역을 감당하고 계실까요?

다시 드러내시는 사역

2천 년 전 유대에서 살았던 그 예수가 오늘날 우리에게 어떠한 의미가 있을까요? 성령은 그리스도 예수를 오늘날의 신자들에게 다시 임재하시도록 만들어 주십니다. 그때 거기에 있었던 사건을 바로 오늘 여기의 사건으로 만들어 주는 것입니다. 성령의 능력으로 인하여, 성령의 능력으로 쓰여진 성경의 증언을 통하여, 성령을 통하여 행해지는 교회의 사역을 통하여 그리스도는 오늘날 우리에게 어떤 의미가 됩니다. 즉 성령의 능력 안에서 그리스도의 사건은 과거의 사건에서 벗어나 오늘날 우리의 사건, 나의 사건이 되는 것입니다. 주님은 과거의 인물도 아니고, 미래에 오실 단순한 기대나 소망도 아니십니다. 바로 오늘날 우리의 삶 한가운데서 경험되는 살아 있는 주님이십니다. 주님께서는 그리스도의 영으로서, 즉 성령으로서 우리와 항상 함께하시기 때문입니다.

새로운 삶의 창조

성령은 무엇보다도 창조와 생명의 영이십니다. 시편 33편 6절은 이렇게 말합니다. "여호와의 말씀으로 하늘이 지음이 되었으며 그 만상을 그의 입 기운으로 이루었도다." 여기서 말하는 '입 기운'이란 '바람' 혹은 '숨결'을 나타낼 때 쓰이는 히브리어 '루아흐'(Ruach)로 성령을 지칭합니다. 성령은 또한 생명의 영으로 처음 사람을 만드실 때도 흙으로 빚어진 아담의 코에 생기를 불어넣어 생명이 있는 존재가 되게 하셨습니다(창 2:7).

하지만 성령은 과거에만 창조의 사역을 감당하신 것은 아닙니다. 오늘날도 우리 안에서 새로운 삶을 창조하십니다. 성령은 변화를 일으키시는 능력으로서 옛 것으로부터 새로운 것을 가져오시며, 죄와 죽음의 노예 상태에 있던 우리와 하나님과 함께 살아갈 수 있는 새로운 삶을 가져다주십니다.

이러한 성령으로부터 새로운 힘을 부여받은 우리 그리스도인들은 하나님의 은혜와 공의를 증거할 수 있는 힘을 부여받으며, 모든 피조물을 새롭게 하시는 하나님의 사역에 동역할 수 있는 능력을 선사받습니다. 사도행전 2장과 3장에 새로운 성령의 능력을 받은 제자들의 모습이 잘 묘사되어 있습니다. 다락방에서 두려워 떨며 기도하던 그들이 성령의 능력을 받았을 때 얼마나 담대한 모습으로 복음을 전파할 수 있었는지, 또 배우지 못했던 베드로가 성령의 능력을 받았을 때 얼마나 아름다운 언어로 주님을 선포하고 또 많은 이들에게 은혜를 주었는지 잘 나타나 있습니다.

자유롭게 하시는 사역

성령 하나님의 세 번째 사역은 바로 자유롭게 하시는 사역입니다. "주는 영이시니 주의 영이 계신 곳에는 자유가 있느니라"(고후 3:17). 주의 영은 불의에 저항할 힘을 주시고, 사람들을 자유롭게 하십니다. 신약성서는 성령이 오신 것과 죄에서 해방된 것을 연결하며, 또 하나님을 섬기는 새로운 자유를 얻은 것을 성령의 오심과 연결합니다. 그리스도의 사역이 죄에서부터의 해방이며 또한 자유롭게 하시는 사역이었다면, 성령의 사역은 그 그리스도의 사역을 지속하는 것입니다. 자유롭게 하시는 성령의 사역은 인간의 삶에서 역사하시는 것은 물론이고, '하나님의 자녀들의 영광의 자유'(롬 8:21)에 참여할 것을 고대하며 신음하는 모든 피조물 가운데서도 역사하십니다.

공동체적인 사역

성령께서 삼위일체 안에서 성부와 성자를 결합하는 사랑의 끈이 되시듯이, 우리를 그리스도 안에서 하나 되게 하고 우리 사이의 교제를 가능케 하시는 능력이십니다. 성령의 하나 되게 하시는 능력은 같은 가족, 종족, 계급, 국가 등과 같이 유유상종의 사람들을 모이게 하시는 능력이 아닙니다. 성령의 능력은 서로 다른 사람들이 하나 되게 하는 능력으로 낯선 사람들, 심지어 전에 적이었던 사람들까지도 새로운 공동체 안으로 모으는 능력입니다. 이전에 뛰어넘을 수 없었던 장벽이 있는 곳에 성령은 공동체를 창조하십니다.

우리 안에는 성령 하나님이 얼마나 충만한가요?
성령 하나님께서 얼마나 온전히 우리 안에서 역사하시나요?

복음주의를 대표하는 무디 목사님은 언젠가 설교를 듣는 교인들에게 자기 손에 들고 있는 컵에서 어떻게 공기를 조금도 남기지 않고 뺄 수 있는지를 질문했다고 합니다. 어떤 사람이 "공기 펌프로 빼면 됩니다"라고 대답했습니다. 그때 무디 목사님은 "그렇게 하여 진공이 되면 컵이 깨지지 않겠습니까?"라고 웃으며 말했습니다. 많은 빗나간 대답들이 있은 후 무디 목사님은 미소를 지으면서 주전자를 들고 컵에 물을 가득 부었습니다. "자 보세요. 공기는 조금도 남아 있지 않습니다."

모든 사람들이 고개를 끄덕이며 탄복할 때 무디 목사님은, 그리스도인이 생활에서 공기를 빼려고 하듯이 죄를 억지로 제거하려는 것은 불가능하며 오로지 성령으로 충만이 채워짐으로써 죄를 제거하고 승리의 삶을 살 수 있음을 가르쳤습니다.

우리는 우리 안에 성령 하나님이 충만하시기를 기도해야 합니다.

"성령 하나님이여! 오시옵소서. 내 삶을 변화시켜 주시옵소서."

서른 번째 날

성령 하나님의 은사

성령의 은사란 무엇을 말하는 것일까요? 은사라는 단어는 신약성경의 '카리스마타'(charismata)를 번역한 것으로 하나님이 값없이 주시는 선물, 곧 은혜의 선물을 의미합니다. 성령은 신앙의 성장을 위하여 또는 봉사와 섬김을 위하여 각자에게 가장 적절하고 요긴한 은사를 내려 주십니다.

일반적으로 은사를 말할 때 사람들은 고린도전서 12장 8-10절에 나오는 아홉 가지 은사들만을 생각하기 쉽습니다. 그러나 은사는 아홉 가지만 있는 것이 아닙니다. 사도 바울은 이 아홉 가지 은사들만을 정식 은사로 제시한 것이 아니라 은사의 몇 가지 예로서 제시하고 있는 것입니다. 성경이 명확하게 은사로 제시하고 있는 것만 하더라도 27가지에 달하며, 그 외에도 우리는 여러 은사들을 제시할 수 있습니다. 그렇다면 이처럼 다양한 은사들을 어떻게 사용해야 할까요?

은사의 사용원리

첫째, 각자 자신에게 주어진 은사를 발견해야만 합니다.

하나님께서는 각 사람에게 가장 적합하고 필요한 은사를 주십니다. 남의 은사를 부러워하기보다 나에게 주어진 은사로 하나님의 나라를 위해 봉사하는 것이 우리의 사명입니다.

어느 날 동물들이 학교를 만들었습니다. 모든 동물들이 수강해야 할 필수과목으로 달리기, 오르기, 날기, 수영 등의 교과목을 채택했습니다. 그러나 오리는 수영과 날기에서는 우수했으나 달리기에서 낙제를 했으며, 달리기 연습에 열중하다 보니 그의 물갈퀴가 닳아서 약해졌고 결국 수영 점수도 평균으로 떨어졌습니다. 토끼 역시 달리기는 잘했지만 수영 때문에 신경쇠약에 걸렸습니다. 다른 동물들의 사정도 마찬가지였습니다. 결국 잘하는 것은 단 하나도 없었으나 그럭저럭 다 할 줄 알았던 뱀장어가 졸업생 대표가 되었습니다.

교육학자 리브스(R. H. Reeves) 박사의 《동물학교》라는 우화입니다. 이처럼 동물들은 각자가 창조된 목적대로 움직일 때야 비로소 가장 온전해집니다. 우리 그리스도인들 역시 할 수 있는 것과 하고 싶은 것을 구분할 수 있어야 합니다.

모든 사람이 예언을 할 수 있는 것도, 병을 치유할 수 있는 것도 아닙니다. 모든 사람이 가르침의 은사나, 다스리는 은사나, 섬기는 은사를 받은 것은 아닙니다. 물론 치유나 예언의 은사와는 다르게 가르치는 일, 섬기는 일, 다스리는 일과 같은 은사는 누구나 할 수 있는 것처럼 보이는 것은 사실입니다. 그러나 할 수 있다는 사실이 그 은사를 받은 것은 아닙니다. 누구나 가르치고 다스릴 수 있으나 그 은사를 받은 사람처럼 잘 해낼 수는 없습니다.

그러므로 내게 주신 은사를 분명하게 아는 것이 중요합니다. 우리들이 자신의 은사를 바로 알고 섬기고 봉사할 때 비로소 우리의 신앙이 성숙하고 하나님의 나라가 확장될 수 있습니다.

둘째, 은사는 비교대상도 신앙의 척도도 될 수 없습니다.

은사들 중에는 신유, 예언, 방언과 같이 보다 표면적으로 잘 드러나는 은사들이 있는 반면 섬김, 구제, 믿음, 다스리는 것과 같이 표면적으로 덜 드러나는 은사들도 있습니다. 물론 우리들의 눈에 신유, 예언, 방언과 같은 은사들이 다른 은사들보다 더 대단해 보일 수도, 더 깊은 단계의 신앙의 산물처럼 보일 수도, 그리고 더 소유하고 싶은 은사들일 수 있습니다. 그러나 그 은사들이 다른 은사들보다 더 우위에 있는 은사라 말할 수 없습니다.

모든 영적 은사들은 자신의 공로, 노력, 수고로 얻은 것이 아니라 성령 하나님께서 예수 그리스도를 효과적으로 섬기도록 우리들에게 주신 것입니다. 따라서 단지 감사함으로 주어진 은사에 충실해야 할 뿐 어떠한 우월감도 열등감도 가질 필요가 없습니다. 만일 은사가 하나님의 영광을 드러내는 것으로부터 멀어져 자신의 능력과 교만의 수단이 된다면 더 이상 은사라고 불릴 수 없습니다.

더욱이 은사는 절대로 한 사람의 신앙의 정도를 판단할 수 있는 잣대가 될 수 없습니다. 오직 사랑만이 모든 은사들을 통합하고 심판할 수 있습니다. 사도 바울은 이러한 사실을 고린도전서 13장에서 분명히 말하고 있습니다. 고린도 교회는 자신들이 받은 은사들을 성실히 사용하는 것보다 '어떤 은사가 더 큰가?'라는 논쟁에 더 관심이 많았습니다. 그러나 사도 바울은 그들이 그토록 자랑하는 은사들도 사랑이 없으면 아무것도 아님을 분명하게 말합니다.

"사랑은 언제까지나 떨어지지 아니하되 예언도 폐하고 방언도 그치고 지식도 폐하리라"(고전 13:8).

그들이 그처럼 자랑하는 은사들이 아니라 사랑이 우리 그리스도인들의 평가 기준입니다. 그 이유는 하나님이 사랑이시기 때문이며, 사랑하는 사람만이 하나님을 알고, 닮아갈 수 있기 때문입니다.

셋째, 타인과 공동체를 위해 성실하게 은사를 사용해야 합니다.

은사는 나를 위해서가 아니라 타인을 위해서, 그리고 그 무엇보다도 공동체를 세우기 위해서 주시는 것입니다. 따라서 우리는 이 일을 위하여 최선을 다해 은사를 사용해야 합니다.

이탈리아의 경제학자이자 사회학자인 빌프레도 파레토(Vilfredo

Pareto, 1848~1923)가 주장한 '파레토 법칙'이라는 것이 있습니다. 인구의 20퍼센트가 국가 전체 부(富)의 80퍼센트를 보유하고 있음을 발견한 것을 토대로 하여 생성된 경험 법칙인데, 이것이 다른 여러 경우에도 신기하게도 잘 들어맞는 것을 보게 됩니다. 예를 들어, 20퍼센트의 고객이 백화점 전체 매출의 80퍼센트를 차지한다거나, 20퍼센트의 기업 구성원이 전체 업무의 80퍼센트를 수행한다거나, 또는 20퍼센트의 기업 핵심 제품이 기업 전체 매출의 80퍼센트를 차지하는 것과 같은 것입니다.

오늘날 교회에서도 신실한 20퍼센트의 사람들이 80퍼센트의 사명과 섬김을 감당하고 있는 것처럼 보이는 것이 사실입니다. 이는 반대로 80퍼센트의 사람들이 자신이 받은 은사를 허비하고 있다는 것을 보여줍니다. 모든 지체가 받은 은사를 가지고 최선을 다해 봉사하고 섬겨야 합니다. 이것이 주님이 원하시는 은사 공동체의 모습입니다.

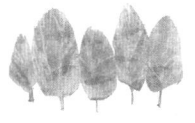

서른한 번째 날

성령 하나님의 열매

무화과나무의 비유

1908년 8월 29일자 데저렛(Deseret) 뉴스는 한 가지 놀라운 기사를 실었습니다. 영국 남동부의 하트퍼드셔 주 왓포드라는 교회 옆 묘지에 있는 한 무덤에서 일어난 놀라운 사건입니다. 본래 그 무덤은 무신론자인 한 여인의 무덤이었는데 그녀는 평생 무신론자로 살면서 하나님을 부인하고 하나님께 도전했던 여인이었습니다. 심지어는 임종시 병상에서도 "만약 하나님이 있다면 내 무덤에서 나무가 나와서 자랄 것이다"라고 공언했다고 합니다. 그런데 정말로 그녀가 죽은 뒤 그녀의 무덤에서 무화과나무가 자라난 것입니다.

무화과나무는 성경에서 심판에 대한 말씀이 주어질 때 자주 보여

주시는 상징 중 하나입니다. 이 여인의 무덤에서 자라난 무화과나무는 하나님의 살아 계심을 부인하는 이들에게 주시는 하나님의 경고의 메시지가 아닐까요?

주님은 누가복음 13장 6-9절에서 한 비유를 들려 주셨습니다. 한 주인이 자신의 포도원에 무화과나무를 심었습니다. 그런데 3년간 그 무화과나무를 돌보았음에도 열매를 맺지 못했습니다. 물도 주고 거름도 주며 지극정성으로 돌보았음에도 열매가 없었습니다. 실망한 주인은 과수원지기에게 말합니다.

"생각해 보려무나. 벌써 3년을 기다려왔다. 이처럼 열매를 맺지 못하니 그만 잘라버려야겠다. 땅만 버리지 않느냐?"

물론 주인의 판단은 옳습니다. 열매 맺지 못하는 무화과나무는 찍어 없애야 합니다. 땅만 상하게 할 뿐이요, 다른 나무들이 가져가야 할 영양분을 괜히 축내는 필요없는, 아니 해악한 나무이기 때문입니다. 그러나 과수원지기는 간절히 주인에게 간구합니다.

"금년에만 그대로 두시지요. 제가 잘 가꾸고 거름도 줄 테니…… 만일 그래도 열매를 맺지 않으면 그때 찍어버리겠습니다."

존재의 목적, 열매

세상에 존재하는 모든 것에는 본질이 있고, 그 본질에 따르는 목적이 있습니다. 그리고 목적은 그 존재의 가치를 결정합니다. 비유에 나오는 무화과나무의 본질과 그에 따르는 목적은 무엇일까요? 다시 말하여, 주인이 무화과나무를 심은 목적은 무엇이었을까요? 무화과나무는 보고 즐기는 관상수로 심은 것이 아닙니다. 꽃이 보이지 않는, 아니 꽃이 있지만 잘 보이지 않아서 이름이 무화과나무이기 때문입니다. 또한 무화과나무는 땔감이나 건축에 쓰는 실용수도 아닙니다. 무화과나무는 열매를 구하는 과실수이며, 주인이 원하는 것은 바로 열매입니다. 무화과나무의 존재 목적은 열매를 얻는 것입니다.

이렇듯 존재하는 모든 것에는 존재 목적의 본질이 있듯이 하나님의 형상으로 지음 받은 우리에게 목적이 없을 리가 없습니다. 특별히 하나님의 자녀로 부름 받은 우리에게 목적이 없을 리가 없습니다. 우리의 존재목적 역시 열매입니다. 열매 맺지 못하는 무화과나무가 존재 가치를 상실하듯이, 우리 역시 열매 맺지 못할 때 성도로서의 존재 목적을 이루지 못하고, 가치를 상실하는 것입니다.

그렇다면 하나님께서는 성도인 우리에게 어떠한 열매를 구하실까요? 사도 바울은 갈라디아서에서 성령을 받은 사람이라면 당연히 맺어야 할 아홉 가지 열매를 이렇게 말하고 있습니다.

> "오직 성령의 열매는 사랑과 희락과 화평과 오래 참음과 자비와 양선과 충성과 온유와 절제니 이 같은 것을 금지할 법이 없느니라"(갈 5:22-23).

주님께서 우리에게 원하시는 열매는 서로 사랑하는 사랑, 함께 기뻐하는 희락, 가족이나 이웃과 평화롭게 지내는 화평, 고난을 이겨내는 오래 참음, 어려운 형제자매들과 이웃들을 불쌍히 여기는 자비, 선한 일을 도모하는 양선, 주님과 그분이 주신 사명에 대한 충성, 마음을 부드럽게 하는 온유, 스스로를 다스릴 줄 아는 절제입니다.

여기서 우리가 주목해야 할 표현은 '이 같은 것을 금지할 법이 없다'는 말입니다. 다시 말하여 어떠한 법도 금할 수 없다는 어떠한 핑계도 댈 수 없다는 것입니다. 즉, 성령을 받은 사람이라면 누구나 이 열매들을 맺어야 한다는 것입니다.

은사 중심에서 열매 중심으로

성령의 은사가 성령께서 그리스도인들 각각에게 주신 특별한 능력과 사명을 드러낸다면, 성령의 열매는 이러한 은사를 통해 나타나는 그리스도인들의 삶의 열매라 말할 수 있습니다. 성령의 내주하심의 목적은 은사가 아니라 열매에 있습니다.

물론 은사는 하나님의 선물이요 은혜이지만 그리스도인들에게 있어서 양날의 검과 같은 것입니다. 부엌칼은 음식을 하는 데 없어서는 안 될 귀한 것이지만 만일 이 칼이 사람을 해하는 데 사용되면 무서운 흉기가 되는 것처럼, 바른 은사의 사용은 성도와 공동체를 세울 수도 있지만 잘못된 은사의 사용은 도리어 공동체를 파괴할 수도 있기 때문입니다. 예를 들어, 고린도 교회가 가장 은사가 충만한 교회임과 동시에 가장 문제가 많은 교회였던 것처럼 말입니다.

20세기 초반부터 신학계에 전면적으로 나타난 오순절운동의 경우, 성령 하나님에 대한 관심을 불러일으키고, 성령세례와 성령의 은사에 대한 활발한 논의를 유도하고, 삶에서 성령의 능력을 강조했다는 점에서 무척 의의가 깊다고 할 수 있습니다. 그러나 많은 학자들이 지적하듯이, 성령의 열매는 배제한 채 성령의 은사만을 일방적으로 강조해온 것은 현재 오순절운동이 직면한 도덕적, 공동체적 위기의 일차적 원인으로 지적되고 있습니다.

성령 충만의 참 기준은 은사가 아니라 바로 성령의 열매입니다. 주님께서는 이렇게 말씀하셨습니다.

> "나무는 각각 그 열매로 아나니 가시나무에서 무화과를, 또는 찔레에서 포도를 따지 못하느니라"(눅 6:44).

나무를 그 열매로 아는 것처럼, 그리스도인의 성령 충만은 열매를 통하여 아는 것입니다.

얼마나 많은 열매들이 우리의 삶에, 우리의 가정에, 그리고 우리가 섬기는 공동체에 맺혀 있을까요? 혹시 무성한 잎사귀만이 가득하지는 않을까요? 무화과나무의 비유를 통해 우리는 무화과나무를 보아서는 안 됩니다. 바로 우리 자신의 모습, 하나님이 심으신 무화과나무로서 우리의 모습을 볼 수 있어야 합니다. 하나님께서는 농부가 열매를 기대하며 과실나무를 바라보시듯이, 오늘 우리 안에 열매를 기대하시며 우리를 바라보고 계십니다.

그렇다면 우리는 어떻게 열매를 맺을 수 있을까요? 요한복음 15장 4-5절에서 주님은 이렇게 말씀하십니다.

"내 안에 거하라 나도 너희 안에 거하리라 가지가 포도나무에 붙어 있지 아니하면 스스로 열매를 맺을 수 없음같이 너희도 내 안에 있지 아니하면 그러하리라 나는 포도나무요 너희는 가지라 그가 내 안에, 내가 그 안에 거하면 사람이 열매를 많이 맺나니 나를 떠나서는 너희가 아무것도 할 수 없음이라."

바로 주님이 우리 안에 또한 우리가 주님 안에 거할 때, 주님과 동행하며 그분을 닮아가는 삶을 살아갈 때 우리는 열매를 맺을 수 있습니다.

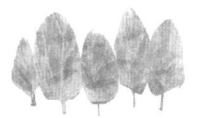

서른두 번째 날

교회의 기초

최근 한국 교회가 위기라는 말을 많이 들을 수 있습니다. 한국 교회는 해방 이후 전 세계적으로 유래가 없을 만큼 비약적인 발전을 거듭해 왔습니다. 그러나 1970~80년대 교회 성장의 황금기를 지난 후, 교세가 정체 국면으로 접어들더니 최근에는 교인들의 수가 줄어들고 있는 형편입니다. 또한 수많은 이단 사이비들이 한국교회를 공격하고 있으며, 그들의 영향력은 시간이 갈수록 더 커져가고 있습니다.

더 나아가 기독교윤리실천운동이 실시한 한국 교회 신뢰도 조사 결과를 보면, 한국 교회에 대한 신뢰도가 현격하고 떨어지고 있다는 것 역시 한국 교회가 위기라는 것을 보여주는 매우 중요한 증거입니다. 더 이상 세상은, 사람들은 교회를 신뢰하지 않는다는 것입니다.

오늘날 교세가 감소하고 교회에 대한 신뢰도가 이처럼 낮아진 이유는 무엇일까요? 그 원인은 어쩌면 매우 간단할지 모릅니다. 그것은 교회가 교회로서 귀감이 되는 모습을 보여주지 못했기 때문이며, 세상이 그리스도인에게 기대하는 사랑과 섬김의 기준을 충족하지 못한 까닭일 것입니다. 즉, 본질에 충실하지 못한 교회가 되었기 때문입니다.

따라서 오늘날 교회가 직면한 수많은 도전들과 문제들에 가장 적절한 대응은 바로 교회가 교회다워지는 것, 즉 자신의 본질을 회복하는 것입니다. 또한 본질을 회복함과 동시에 자신에게 주어진 세상을 위한 사명을 온전히 감당할 때 교회는 새롭게 태어날 수 있을 것입니다.

교회란 무엇인가?

교회라는 말인 '에클레시아'는 부르심을 받은 사람들의 공동체를 뜻합니다. 전통적으로 교회는 눈에 보이는 '가시적'(visible) 교회와 눈에 보이지 않는 '불가시적'(invisible) 교회로 구분되어 왔습니다. 흔히 우리의 눈에 자주 보이는 교회들이 가시적 교회 또는 유형 교회입니다. 그러나 우리의 눈에는 보이지 않지만 진정으로 하나님이 택한 백성들의 모임을 불가시적 교회 또는 무형 교회라 부릅니다. 그리고 성경이 강조하는 참된 교회는 무형 교회를 의미합니다. 왜냐하면 교회를 다님에도 불구하고 '주는 그리스도시다'라는 진정한 신앙고백을 하지 않는 사람들이 존재할 수 있기 때문입니다.

교회의 기초: 그리스도 사건

우리는 어디로부터 교회의 기초를 찾을 수 있을까요? '교회'(헬라어로 ekklesia)라는 용어는 복음서에서 오직 두 번(마 16:18, 18:17)만 나타나고 있습니다. 특히 그 중 마태복음 16장 18절의 베드로의 고백은 교회의 기초를 이해하는 데 가장 중요한 구절입니다.

가이사랴 빌립보에서 주님은 제자들에게 "너희는 나를 누구라 하느냐"라고 물으십니다. 제자들의 침묵이 계속되는 가운데 베드로가 "주는 그리스도시요 살아 계신 하나님의 아들이시니이다"라고 대답합니다. 주님은 베드로의 고백을 칭찬하시면서 한 가지 약속을 주십니다. "너는 베드로라 내가 이 반석 위에 내 교회를 세우리니 음부의 권세가 이기지 못하리라." 그렇다면 교회가 세워진 이 '반석'은 무엇을 의미하는 것일까요?

교회의 기초를 결정하는 데 있어서 '반석'이라는 용어는 아주 오랜 세월 동안 논쟁의 중심이 되어 왔습니다. 이 '반석'이 무엇을 의미하는지에 대해서는 네 가지 정도의 다른 해석들이 존재합니다.

첫째, 많은 가톨릭 신학자들은 '반석'이란 베드로 자신을 의미한다고 해석하였습니다. 전통적인 로마가톨릭주의에서 18절에 반석은 베드로를 의미하기에, 교회는 베드로와 그의 계승자들인 로마의 감독직 위에 세워진 것이라는 교황제에 대한 교리적 토대가 되어왔습니다. 또한 "음부의 권세가 이기지 못하리라"라는 주님의 선언은 교황의 무오성에 대한 교리의 기초가 되어왔습니다.

둘째, 그러나 이러한 해석에 반대하여 종교개혁자들은 18절의 반석은 베드로 자신이 아니라 베드로의 신앙고백, 즉 베드로의 신앙을 의미한다고 해석하였습니다. 개신교 신학자들은 그 증거로서 특히 18절의 반석이라는 두 단어에 각기 상이한 헬라어가 사용되었음을 제시합니다. "너는 베드로(petros)라 내가 이 반석(petra) 위에 내 교회를 세우리니." 여기서 베드로에게 사용된 petros는 남성명사이며, 반석을 지칭하는 데 사용된 petra는 여성명사입니다. 또한 베드로에게 사용된 petros는 돌(stone)을 의미하는 것이며, 반석을 지칭하는 데 사용된 petra는 원뜻 그대로 반석(rock)을 의미하기 때문에 동일하게 간주될 수 없다고 주장합니다.

셋째, 이러한 상이한 두 가지의 해석들을 조화하는 가운데, 일부 개신교 신학자들과 가톨릭 신학자들은 분명 예수께서 지칭한 '반석'이 베드로를 의미하는 것에는 틀림이 없지만, 그에게 주어진 역할과 권위는 베드로에게만 주어진 한시적인 것이었으며, 그의 계승자들에게 주어진 것이 아니라고 주장하였습니다.

마지막으로, 어떤 학자들은 '반석'은 베드로 자신을 의미하는 것도, 그의 신앙고백을 의미하는 것도 아니라 예수 그리스도 자신을 의미하는 것이라고 주장하였습니다. 그들은 '반석'이라는 예수 그리스도를 의미한다는 근거를 고린도전서 10장 4절에서 찾습니다.

"다 같은 신령한 음료를 마셨으니 이는 그들을 따르는 신령한 반석으로부터 마셨으매 그 반석은 곧 그리스도시라."

그렇다면 이러한 해석들 중 어떤 해석이 가장 적절한 것일까요? 물론 각각의 주장들에 모두 어느 정도의 타당성이 있는 것은 사실입니다. 그러나 여기서 '반석'은 예수 그리스도와 그분에 대한 신앙고백을 동시에 포괄하는 '그리스도 사건'(the Christ event)으로 해석되어야 한다고 봅니다. 즉, 반석은 주가 그리스도이시다는 사실과 그분에 대한 베드로의 신앙고백 양자를 모두 포함하는 것입니다.

반석이 베드로를 지칭하는 것으로 해석될 수 없다는 것은 분명합니다. 예를 들어, 불과 얼마 지나지 않아 마태복음 16장 23절에서 주님은 베드로가 주님의 십자가의 사역에 있어서 하나의 '걸림돌'(a stumbling block)이 되어버렸음을 말씀하십니다. 또한 마태복음 16장 19절에서 주님은 베드로에게 땅에서 무엇을 매고 무엇을 풀든 하늘이 그것을 존중할 것이라는 천국의 열쇠를 주셨으나, 또한 마태복음 18장 18절에서 베드로에게 주어진 동일한 약속이 모든 사도들에게 주어지고, 더 나아가 예수를 믿는 모든 이들에게 동일하게 주어졌음을 알 수 있습니다. 이 구절을 살펴보면 베드로가 다른 사도들과는 다르게 특별한 지위를 부여받은 것도, 더 특별한 능력을 소유한 것도 아니라는 것을 알 수 있습니다.

따라서 비록 우리가 초대 교회 공동체에서 베드로의 위치와 사역의 특수성을 인정한다고 할지라도 그는 예수께서 자신의 교회를 세울 만한 반석은 아니라는 것은 분명한 것입니다. 이러한 이유로 주님이 말씀하신 '반석'은 베드로가 아니라, 주가 그리스도라는 사실과 베드로의 신앙고백을 포함하는 그리스도 사건이 되어야 한다고 봅니다. 다시 말하자면, 주님의 교회는 그리스도라는 반석 위에 그리고 그분을 그리스도라고 고백하는 신앙고백의 반석 위에 세워진 것입니다.

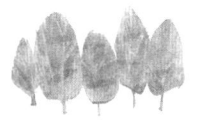

서른세 번째 날

교회의 이미지

성경 속에 나타난 교회의 이미지

전통적으로 교회는 세 가지의 주된 성서적 상(像) 또는 이미지에 따라 정의되어 왔습니다. 하나님의 백성으로서의 교회, 그리스도의 몸으로서의 교회, 그리고 성령의 공동체로서의 교회입니다.

첫째, '하나님의 백성'(the people of God)으로서의 이미지는 교회의 정체성을 이해하기 위해 필수적인 상징입니다.

예수님의 제자들은 예수님이 주신 새 언약이 구약시대에 신앙의 조상들에게 주신 언약과 완전히 다른 새로운 언약이라고 생각하지 않았습니다. 이러한 점에서 신학자 마이니어(Paul S. Minear)는 이렇게 말합니다.

> "초대 그리스도교인들은 하나님의 백성의 출발점을 예수님의 탄생이라든가 그분의 사역으로 보지 않았다. 또한 성례전적 잔치라든가 부활, 더 나아가 오순절 날의 성령 강림의 시기로 보지도 않았다. 그들은 하나님의 백성의 시작을 아브라함과 모세를 통하여 주어진 하나님의 언약을 만드는 사역으로부터 시작되었다고 본 것이다."[1]

사도 바울 역시 그리스도교인들을 '아브라함의 자손이요, 유업을 이을 자'라고 보았습니다.

> "너희가 그리스도의 것이면 곧 아브라함의 자손이요 약속대로 유업을 이을 자니라"(갈 3:29).

따라서 교회는 스스로를 하나님에 의하여 부름 받은 사람들 또는 그들의 공동체로 정의합니다. 물론 부름 받은 사람들은 이전에도 존재하였으나 완전한 언약의 성취를 이룬 것은 아닙니다. 하나님은 그리스도 안에서 교회를 선택된 백성들로 부르시고 그 언약의 성취를 예정하신 것입니다. 그리고 이러한 부르심은 항상 책임을 요청합니다.

---

[1] Paul S. Minear, *Images of the Church in the New Testament* (Philadelphia: Westminster, 1960), 70.

"그러나 너희는 택하신 족속이요 왕 같은 제사장들이요 거룩한 나라요 그의 소유가 된 백성이니 이는 너희를 어두운 데서 불러내어 그의 기이한 빛에 들어가게 하신 이의 아름다운 덕을 선포하게 하려 하심이라 너희가 전에는 백성이 아니더니 이제는 하나님의 백성이요 전에는 긍휼을 얻지 못하였더니 이제는 긍휼을 얻은 자니라"(벧전 2:9-10).

둘째, 교회는 '그리스도의 몸'(the body of the Christ)이라는 성서적 상으로 표현됩니다.

비록 '그리스도의 몸'이라는 상징이 복음서나 사도행전에는 나타나지 않지만, 바울 서신들에서는 교회에 관한 가장 중요한 표현 중 하나입니다. 바울은 '그리스도의 몸'이라는 표현을 많은 곳에서 사용하고 있는데, 크게 두 가지 주된 의도를 가지고 사용하고 있습니다.

사도 바울은 먼저 '그리스도의 몸'을 예수 그리스도를 따르고 그분의 사역을 계승하는 신자들의 공동체, 조직화된 교회를 지칭하기 위하여 사용합니다. 그리고 또한 신자들이 떡과 포도주를 나눔을 통하여 예수님의 거룩한 몸의 일부가 된다는 성례전적 신비를 표현하는 데에도 사용하고 있습니다.

신학적으로 그리스도의 몸으로서의 교회의 상은 네 가지의 중요한 의미들을 강조합니다.

첫째로, 교회의 유기적인 일치성을 강조합니다. 인간이 단지 근육과 관절과 장기들을 합쳐놓은 덩어리가 아닌 것처럼, 그리스도의 몸으로서의 교회 역시 유기성을 결여한 하나의 결합체가 아닙니다. 인간이 성숙해지고 성장하듯 교회도 그리스도 안에서 그리스도의 몸으로서 성장하는 것이며, 서로 유기적으로 연결되어 있는 것입니다.

둘째로, 교회의 머리로서 그리스도의 권위를 인정할 것을 강조합니다. 그리스도는 충성된 신자들이 구성원이 되는 교회라는 몸의 머리가 되십니다. 모든 몸의 부분들이 자신의 머리와의 관계를 통하여 생명과 힘을 부여받고 인도되듯이, 신자들은 자신들의 공동체, 즉 몸은 오직 머리이신 그리스도의 권위와 존재에 의해서만 실존할 수 있습니다.

셋째로, 예수 그리스도의 최후의 만찬에서 이루어진 성례전적 신비에 대한 기억을 강조합니다. 과거의 주님의 제자들과 사도들이 그러했듯이, 떡과 포도주를 나눔을 통하여 오늘날 신자들은 자신들 안에 그리고 자신들 가운데 임재하시는 그리스도의 영적 현존을 경험하고 기억하는 것입니다.

넷째로, 교회가 단지 신자들의 특정한 모임만을 의미하는 분리되고 고립된 실체가 아니라 보편적인 실체임을 강조합니다. 그리스도가 모든 만물의 주인이 되시듯, 교회는 만물 위의 그의 충만함을 드러내는 보편적 공동체입니다. 교회는 만물의 주인 되시고, 만물 위에 충만하신 하나님이신 그리스도를 증거하는 것이며, 모든 인간적인 원리들과 권세에 대한 승리를 선포하는 것입니다.

셋째, 교회는 또한 성령의 전(the temple of the Spirit) 또는 성령의 공동체(the community of the Spirit)로 불립니다.

교회는 그리스도 사건에 기초하여 설립된 공동체입니다. 그러나 이 공동체는 성령에 의하여 세워지고 형성되며 또한 양육됩니다.

사도행전 2장 1절부터 4절은 역사적 교회의 시작이 오순절 날 이루어졌다는 것을 증거하고 있습니다. 오순절 날 성령은 하늘로부터 급하고 강한 바람처럼 강림하셨습니다. 예수님의 공동체는 성령의 능력과 임재를 경험하였고, 성령은 그들에게 새로운 힘과 용기를 전해 주었습니다. 예수께서 지난날 세례를 받으실 때 성령께서 그에게 임하셨던 것처럼, 동일한 성령이 그분의 제자들에게 임한 것입니다.

오순절 날 그들이 경험한 성령의 초월적인 임재는 그들의 신앙이 다시금 살아나게 하였습니다. 예수 그리스도는 더 이상 육신의 형태로 그들과 함께하지 않으셨으나, 그럼에도 불구하고 제자들은 주님이 그들 안에 임재하고 계신다는 것을 경험하고 믿을 수 있었습니다. 하나님의 나라에 대한 예수님의 선포와 섬김과 증거는 성령이 강림하신 이후 그분의 영적 현존을 경험한 공동체를 통하여 계속될 수 있었던 것입니다.

새로운 신앙 공동체를 창조한 것은 성령의 능력입니다. 교회는 성령을 통하여 창조되었고, 교회는 성령을 통하여 유지되고 항상 새로워질 수 있었습니다. 비록 교회가 역사적 사건, 그리스도의 사건을 통하여 세워진 것은 사실이지만, 그것의 역동성은 성령의 지속적인 임재를 통하여 주어지는 것입니다. 따라서 하나님의 백성으로서의 교회의 상이나 그리스도의 몸으로서의 교회의 상이 우선적으로 교회가 자신의 정체성을 확립하는 상임에 반하여, 성령의 공동체로서의 교회의 상은 오늘 날 교회가 자신의 능력을 부여받는 역동성으로서의 상인 것입니다.

성령은 교회를 교회 되게 함과 동시에 모든 나라와 민족들을 하나님의 언약 가운데로 부르며, 세상을 진정한 그리스도의 몸이 되게 하는 능력의 근원입니다. 또한 성령은 교회를 항상 자신을 넘어서는 새로운 교회가 되도록 도전하는 원동력이 됩니다. 그리고 성령은 교회가 성령을 소유하는 것이 아니라 교회가 성령의 능력 안에 있는 것임을, 즉 성령에 의하여 창조되고, 성령에 의하여 유지되며, 성령을 통하여 사역하며, 성령을 통하여 새로워지는 공동체라는 것을 항상 상기시켜 주십니다.

서른네 번째 날

교회의 표지

서기 381년 콘스탄티노플 공의회(the Council of Constantinople)가 열린 이후로부터 그리스도인들은, 진정한 교회란 하나 되고, 거룩하며, 보편적이고, 사도적인 교회임을 고백해왔습니다. 니케아 신조와 사도신경의 교회에 관한 표현들을 종합하여 만들어진 이 네 가지의 형용사는 진정한 교회가 갖추어야 할 덕목들을 대표하는 '전통적인 교회의 표지들'(the classical marks of the church)로 여겨져 왔습니다. 로마가톨릭이건, 정교회건, 개신교회건 대부분의 그리스도인들은 진정한 교회는 하나 되고, 거룩하며, 보편적이고, 사도적인 교회여야만 한다고 주장하는 것에 거의 이견이 없었습니다.[1]

그러나 우리가 기억해야 할 것은, 비록 가시적 교회에서 이러한 표지들이 나타나는 것은 사실이지만 오직 단편적으로만 실현된다는 것입니다. 다시 말하여, 가시적 교회들은 참된(영적) 교회의 표지들을 실현함과 동시에 단편성을 가지고 있는 것입니다.

참된 교회의 네 가지 표지들

(1) 일치성

참된 교회의 첫 번째 표지는 하나됨(oneness) 또는 일치성(unity)입니다. 공동체의 주인이 되시는 예수 그리스도는 오직 하나의 몸을 가지고 계십니다. 즉, 예수 그리스도로부터 창시된 몸으로서의 교회는 오직 하나이어야 합니다.

하지만 오늘날 우리들이 직면하는 문제는 세상에서 하나되지 못하고 여러 가지 교파들로 분열된 많은 교회들을 발견하게 된다는 점입니다. 이러한 사실은 교회의 일치성에 대한 심각한 도전임과 동시에 불명예스러운 사건으로 해석될 수 있습니다. 지난날 교회들의 역사는, 항상 이 수많은 교회들 사이에 갈등과 분열이 존재했으며 때로는 폭력적인 분쟁까지도 수반했다는 것을 증거합니다.

이처럼 실존하는 교회들 간에 일치성이란 존재하지 않기에, 교회의 하나됨과 일치성은 단지 하나의 비현실적인 이상에 불과한 것으로 치부되기 쉽습니다. 물론 교회들 사이에 실제적이고 실존적인 일

---

1) 비록 종교개혁자들은 이러한 전통적인 네 가지 표지가 참된 교회의 표지라는 점에 대해서는 이견이 없었지만, 그들의 상황에 근거하여 몇 가지 표지들을 덧붙였습니다. 그것들은 복음에 합당한 가르침과 세례와 성찬의 바른 실행과 같은 것이었습니다.

치가 발견되지 않는 것은 사실입니다. 그러나 우리는 교회의 일치성은 단지 단일성(uniformity)을 의미하는 것이 아니라는 것을 기억해야 합니다.

교회의 일치성은 교회들의 구조적 일치나 교회 정치체계의 일치를 의미하는 것이 아닙니다. 20세기이 대표적인 신학자 칼 바르트(Karl Barth, 1886~1968)는 교회의 일치성을 이렇게 설명합니다.

"하나 된 교회는 개별적인 공동체들 가운데 전체성으로서 존재하는 것이다."[2]

다시 말하여, 외연적인 일치성이 아닌 신앙적 일치성으로부터 일치성의 근거를 찾아야 한다는 것입니다. 바로 하나의 세례, 하나의 신앙, 하나의 소망, 하나의 사랑, 하나의 부르심과 하나님의 나라에 대한 하나의 약속과 같은 것들입니다.

비록 현실의 교회들이 일치된 모습으로 살아가지 못한다고 할지라도 교회들은 그리스도 안에서 하나입니다. 모든 개별적 교회들이 그리스도 사건(예수님이 그리스도라는 사실과 그분에 대한 신앙고백)이라는 기초에 있어서 하나인 한, 교회는 하나입니다. 또한 성령의 능력이 교회들을 일치로 이끄시는 힘으로 역사하시는 한, 모든 개별적 교회들은 본질적으로 하나입니다. 그러나 우리는 이러한 교회의 일치성은 실제적인 일치성이 아니라 역설적인 방식으로서의 일치됨

---

2) Karl Barth, Church Dogmatics, IV, I (Edinburgh: T&T Clark, 1962), 673.

이라는 것을 기억해야 합니다.

(2) 거룩성

참된 교회의 두 번째의 표지는 거룩함(holiness)입니다. 그러나 문제는 이것입니다! 교회는 정말로 거룩한가요? 우리는 교회 내에서 거룩한 모습보다 거룩하지 못한 모습들을 더 자주 목격하지는 않는지요?

그러나 교회의 거룩성도 역시 교회의 제도의 거룩함이나 교리적인 거룩함, 도덕적인 거룩함, 예전적인 거룩함 또는 헌신적인 행위들로부터 입증될 수 없습니다. 우리는 교회의 거룩성을 경험 가능한 거룩한 실재들로부터 발견하는 것이 아니라 예수 그리스도에 대한 신앙과 성령의 거룩한 사역으로부터 발견해야 합니다.

교회들 가운데 거룩하지 못한 모습들이 있다는 것을 우리는 부인할 수 없습니다. 그럼에도 불구하고, 교회들은 그리스도 사건에 기초하고 있는 한 거룩합니다. 교회들의 주인 되시는 그리스도께서 거룩하시기 때문에 교회들은 거룩합니다. 교회 구성원들의 사역이 그리스도의 사역을 계속하는 것이기에 그들은 거룩합니다. 또한 성령께서 교회들을 거듭나게 하시고 개혁되게 하시는 힘으로 역사하고 계시는 한 교회들은 거룩한 것입니다.

이러한 이유로, 아무리 교회가 거룩하지 못한 상황에 처해 있다 할지라도, 거룩함을 상실한 듯 보이는 상황에 빠져 있다 할지라도, 거기에는 항상 거듭나게 하고 개혁하시는 성령님의 사역이 있습니다. 그렇기에 교회는 이제껏 생명력을 가지고 존재할 수 있었던 것입니다. 그러나 우리는 교회의 거룩성은 교회 자체가 거룩하기 때문이 아니라 그들의 기초에 있어서 또한 역동성에 있어서 역설적인 방식으로서만 거룩하다는 것을 기억해야만 합니다.

(3) 보편성

참된 교회의 세 번째의 표지는 '보편성'(catholicity 또는 universality)입니다. 여기서 '가톨릭'(catholic)이라는 표현은 로마가톨릭주의를 지칭하는 분파주의적인 용어가 아닙니다. '가톨릭'이라는 표현은 '전체적인', '이해 가능한' 또는 '보편적'이라는 의미를 가지고 있습니다. 하나되고 거룩한 교회는 필연적으로 보편적인 교회의 운명을 가지게 됩니다.

그리스도교는 창시되는 그 순간부터 교회가 분파적이거나 신비적인 공동체라기보다 보편적인 공동체라는 것을 주장해 왔습니다. 교회가 보편적이라는 의미는 남성이건 여성이건, 부자이건 가난한 자이건, 어떠한 피부색을 가지든, 어떠한 민족이나 족속이든, 예수를 그리스도라 고백하는 사람이라면 그 누구나 그 교회의 구성원이 될 수 있다는 것을 의미하는 것입니다.

하지만 이러한 교회의 보편성은 지난 교회들의 역사를 살펴보면 나와 비슷한 사람들만을 공동체에 받아들이고자 하는 인간의 기본적인 본성에 의해서 위협받아 왔습니다. 이러한 까닭에 교회는 다문화적, 다인종적, 다민족적인 공동체가 되기보다 단일 문화적, 단일 인종적, 단일 민족적인 공동체가 되어 왔습니다. 교회의 보편성은 일치성이나 거룩성처럼 교회의 외연적 현실성에서 찾을 수 없고, 역설적인 방식에 의해서만 찾을 수 있습니다.

더 나아가 여러 교회 공동체들은 보편성의 표지를 특정 교리나 특정 이데올로기로 환원하여 해석함을 통해 자신의 공동체의 보편성을 증거하려 하였습니다. 20세기의 대표적 신학자 폴 틸리히(Paul Tillich, 1886-1965)는 이렇게 지적합니다.

> 그리스 정교회는 보편적인 영적 공동체를 비잔틴 문화에 의해서 수용된 그리스도교 메시지와 동일시하였다. 로마 교회는 영적 공동체를 정경화된 율법과 그 수호자인 교황에 의해서 지배되는 교회와 동일시하였다. 개신교 교회는 영적 공동체의 이름으로 이방의 종교들과 문화들을 현대의 서구적 문명에 굴복시키는 가운데 자신의 특수성(보편적 특수성)을 입증하려고 했다. 그리고 많은 경우에 인종적, 사회적, 민족적 특수성들은 교회가 보편성이라는 자신의 술어(predicate)를 실현하는 것을 방해해 왔다.[3]

우리는 보편성이란 역설적으로서만 교회가 가질 수 있는 술어라는 것을 잊어서는 안 됩니다. 교회는 자신들이 나타내는 개별적이고, 고립적인 특수성에도 불구하고 보편적인 실체입니다. 교회는 그리

---

3) Paul Tillich, *Systematic Theology, III* (Chicago: University of Chicago Press, 1963), 171-172.

스도 사건이라는 기초에 근거하는 한, 성령의 지속적이고 보편적인 사역에서 그 역동성을 부여받는 한 보편적인 공동체인 것입니다.

(4) 사도성

참된 교회의 마지막 표지는 사도성(apostolicity)입니다. 어떤 학자들은 사도성이란 교회의 감독들의 사도직의 계승으로부터 찾아야 한다고 주장합니다. 만일 그렇다면, 우리가 사도성의 표지를 입증하기 위해서는, 즉 진정한 교회가 어디에 실존하는가를 판별하기 위해서는, 지난 2천 년 동안 그리스도교의 모든 감독들의 명단과 계승에 대한 계보학적인 지식들을 소유해야만 할 것입니다. 하지만 교회의 사도성은 계보학적 근거에 의존하는 것이 아닙니다.

우리가 교회는 사도적이라고 고백하는 것은 교회가 자신의 증거와 그 사명에 있어서 연속성을 가지고 있다는 것을 의미하는 것입니다. 우리가 '예수는 그리스도이시다'라고 고백하는 한 그리고 그의 사역을 지속하는 한, 교회는 사도적이라고 불릴 수 있습니다.

교회의 사도성은 제도적인 노력들을 통하여 성취되거나 보호될 수 있는 성질의 것이 아닙니다. 교회가 사도적인 것은 그 자체가 사도적이기 때문이 아니라 그들이 자신의 기초인 그리스도 사건에 근거하기 때문입니다. 교회가 사도적인 것은 성령의 역사가 세대와 세대를 넘어 오늘날까지 교회들이 그리스도의 사역을 계속하게 하시기 때문입니다.

교회는 고정된 실체가 아니라 살아 숨 쉬는 생명체입니다. 신학자 게르하르트 에벨링(Gerhard Ebeling, 1912-2001)은 교회란 과거에 사로잡힌, 즉 골동품에 집착하는 하나의 박물관이나 과거로부터 분리되어 동떨어진 하나의 섬이 아니라 예수는 그리스도라는 신앙의 고백과 선포 위에 구성된 '신앙의 공동체'이며, 늘 새로워지는 공동체임을 주장합니다.[4] 교회는 신앙고백을 계속하는 제자들이 있는 한, 그분의 사역을 계승하는 제자들이 있는 한, 늘 역사 가운데서 살아 숨 쉬며 새로워지는 생명체인 것입니다.

비록 교회는 실제적이 아니라 역설적인 방식으로 하나되고, 거룩하고, 보편적이며, 사도적인 공동체이지만, 역설을 넘어 실제적으로 하나되고, 거룩하고, 보편적이고, 사도적인 교회가 되기 위해 노력해야 합니다. 참된 교회가 되기 위해서 교회는 늘 스스로를 비판적으로 바라보고 새로워져야 합니다.

---

4) Gerhard Ebeling, *The Nature of Faith* (Philadelphia, Muhlenberg Press, 1962), 23-24.

서른다섯 번째 날

교회의 사명

복음 선포의 사명

교회의 가장 우선되는 첫 번째 본질적 사명은 '복음 선포의 사명'입니다. 주님이 부활하신 후 제자들이 주님께 이렇게 물었습니다. "주께서 이스라엘 나라를 회복하심이 이때니이까?" 당시 이스라엘은 로마의 식민지 통치 아래 고통을 당하고 있었기에, 많은 사람들의 관심은 언제 이스라엘이 로마의 압제로부터 자유로울 수 있을까 하는 데에 있었습니다.

제자들 역시 마찬가지였습니다. 그들은 죽음을 이기고 부활하신 주님을 맞이한 후 더욱 큰 기대를 갖게 되었습니다. '죽음에서 부활하신 예수님 정도의 능력이라면 얼마든지 로마 황제의 힘과 권력을 이길 수 있을 거야.' 주님이 부활하신 지금이 바로 로마의 정치적 압제로부터 해방될 시간임을 믿었던 것입니다.

그러나 주님은 전혀 다른 말씀을 하셨습니다.

> "때와 시기는 아버지께서 자기의 권한에 두셨으니 너희가 알 바 아니요 오직 성령이 너희에게 임하시면 너희가 권능을 받고 예루살렘과 온 유대와 사마리아와 땅 끝까지 이르러 내 증인이 되리라 하시니라"(행 1:7-8).

이스라엘의 정치적인 해방은 지금 너희가 관심을 가질 최우선적인 것이 아니라는 말씀이셨습니다. 정말 그들이 관심 갖고 해야만 할 일은 바로 주님의 증인이 되는 것, 바로 복음을 전하는 일, 주님의 십자가와 부활하심을 증거하는 일이라는 것을 말씀하신 것입니다.

주님이 이 땅에 오신 첫째 목적은 단순히 한 나라의 정치적 회복에 있지 않았습니다. 그보다 온 세상의 구원, 생명을 살리는 것, 바로 하나님의 나라의 회복에 있었습니다. 그래서 주님은 공생애 사역의 처음부터 "회개하라. 하나님의 나라가 가까이 왔다"고 하신 것입니다.

교회 역시 마찬가지입니다. 물론 교회가 성도의 교제, 친교도 나누어야 하고, 생태계를 살리는 생명운동, 사회적 불의에 저항하는 운동도 해야 합니다. 또한 어려운 이들을 돕는 구제 사역도 해야 합니다. 그러나 교회의 가장 큰 존재 목적은 생명을 살리는 일, 복음 전파의 사명에 있는 것입니다.

교회는 예수는 그리스도이시요, 살아 계신 하나님의 아들이심을 선포할 사명을 가지고 있습니다. 교회는 살아 계신 하나님의 구원 사역이 그의 아들이신 예수 그리스도 안에서 온전히 계시되었다는 것을 선포할 사명이 있습니다. 교회는 세상 사람들에게, 하나님은 그리스도 안에서 우리를 만나시고, 우리를 사랑하시고, 우리의 죄를 용서하시고, 삶의 진정한 방향과 목적을 가르치시고, 다시 한 번 하나님의 백성으로 부르셨다는 것을 선포해야만 합니다.

섬김의 사명

교회의 두 번째 본질적 사명은 '섬김의 사명'입니다. 이것은 자비와 양선의 일이며, 도움을 필요로 하는 이들을 실질적으로 돕는 일입니다. 구세군의 창시자인 윌리엄 부스(William Booth, 1829~1912)는 "우리는 다른 이들의 영혼을 구원하기 위해 구원받았다"고 말했습니다. 이것은 단지 구원에만 해당되는 말은 아닙니다. 만일 우리가 하나님의 복을 받았다면 다른 이들에게 복을 나누어주기 위함이 아닐까요? 우리가 무엇인가를 넉넉히 가졌다면 부족한 이들에게 나누어주기 위한 것이 아닐까요? 우리가 건강하다면 건강하지 못한 자의 손과 발이 되어 주기 위한 것이 아니겠습니까?

교회는 스스로를 위해 존재하는 공동체가 아니라 하나님과 타자를 위해 존재하는 공동체입니다. 교회는 마음과 몸과 힘과 뜻을 다하여 하나님을 섬기는 것과 더불어 그분이 만드신 창조세계와 이웃을 사랑으로 섬기며 나누는 것을 과제로 가지고 있습니다.

"너희의 땅에서 곡식을 거둘 때에 너는 밭 모퉁이까지 다 거두지 말고 네 떨어진 이삭도 줍지 말며 네 포도원의 열매를 다 따지 말며 네 포도원에 떨어진 열매도 줍지 말고 가난한 사람과 거류민을 위하여 버려두라"(레 19:9-10)고 명하신 구약의 율법과 모든 물건을 서로 통용하고 재산과 소유를 팔아 각 사람의 필요에 따라 나눠주었던 초대 예루살렘 교회의 모습은, 우리에게 하나님의 공동체의 사회적 본질이 사랑과 나눔에 있음을 분명하게 보여줍니다.

아픈 사람, 약한 사람, 정신적으로 병든 사람, 정서적으로 고통받는 사람들을 돌보는 일이나 고아나 과부와 노인들의 필요를 채워 주는 일, 옥에 갇힌 자, 나그네, 배고픈 자, 그리고 집 없는 이들을 돕는 것은 교회가 이 세상에서 감당해야 할 부수적 사명이 아닌 본질적인 사명입니다.

교회는 결코 스스로를 위한 존재가 아니라 처음부터 이웃을 위한 그리고 세계를 위한 존재로 창조되었습니다. 따라서 교회가 사랑을 나누는 섬김은 교회의 본질적 사명입니다.

교제의 사명

교회의 세 번째 본질적 사명은 '교제의 사명', 즉 코이노니아(*koinonia*)의 사명입니다. 이것은 무엇보다도 교회가 세상에 가지는 예언자적인 사명을 의미합니다. 흔히 코이노니아라는 용어는 '신자들의 공동체'나 '성도의 교제'와 같은 의미로 해석되어 왔습니다. 그러나 이러한 해석은 이 사명이 본질적으로 의미하는 것을 충분히 설명하지 못합니다.

코이노니아의 개념은 단순히 교회 공동체 내에 국한되지 않습니다. 그리스도의 명령이 항상 이웃 사랑이라는 수평적인 차원을 포함하듯이, 그리스도를 향한 결단은 곧 세상을 향한 결단이며, 새로워질 또한 화목해진 인류를 향한 결단이며, 더 나아가 하나님의 창조역사와 생명 공동체를 향한 결단이기 때문입니다.

따라서 코이노니아는 넓게는 창조의 하나님과 성령 안에서 모든 피조물들과 함께 이루는 교제를 의미합니다. 즉, 세상을 보다 살맛나는 장소로 변화시키는 하나님의 사역을 의미하는 것입니다.

이 사역은 단순히 교회를 유지하거나 성도의 교제를 유지하는 수동적이고 지엽적인 사역이 아니라, 하나님과 세상의 진정한 교제를 위하여 세상을 변화시키고자 하는 능동적인 사역입니다. 제네바에서의 칼빈(John Calvin, 1509~1564)의 사역은 교회의 예언자적 사명의 한 좋은 예가 될 수 있을 것입니다. 그 사역은 단순히 개인들의 영혼 구원에만 초점을 맞춘 것이 아니라 하나님을 진정으로 예배하고 섬기는 도시로 변혁시키려는 의도를 가지고 있었습니다.

세상을 변혁시키는 교회의 교제의 사역은 사회의 사회적, 경제적, 정치적 무질서와 억압에 관심을 가짐과 동시에, 또한 그러한 억압과 불의를 제공하는 사회구조를 변혁해야 할 사회 - 정치적 책임을 가지고 있습니다. 더 나아가 생태계의 전면적 파괴라는 심각한 위기 앞에서 생태계의 회복과 보존에 헌신해야 할 환경청지기의 책임을 가지고 있는 것입니다.

이 세상을 변화시키는 사역을 감당하기 위해서 교회는 무엇보다도 낮아져야 합니다. 왜냐하면 교회의 힘은 세상의 힘과는 다르게 힘과 권력이 아닌 낮아짐과 섬김에서 오기 때문입니다. 이것은 지난 그리스도교의 역사를 보면 분명해집니다.

교회가 기득권층과 손잡고 섬기기보다 섬김을 받았을 때, 비록 많은 사회적 위치와 지위를 얻은 듯 보였지만 가장 교회가 타락하고 쇠퇴하며 사회적으로 부정적인 영향을 미쳤습니다. 반대로 그리스도교가 복음에 기초하여 희생적으로 살아갈 때, 낮은 자들과 하나 되어 살아갈 때, 가장 박해가 심했고 어려움이 많았던 것은 사실입니다. 그러나 그 후 가장 큰 부흥의 불길이 일어났으며 사회에 긍정적인 영향력을 발휘할 수 있었습니다.

그리스노교는 그리스도교다워야 하고, 교회는 교회다워야 합니다. 그리고 교회가 교회답다는 것은 십자가의 삶, 희생과 섬김의 삶, 낮아짐의 삶을 사는 것을 의미합니다. 교회는 희생과 섬김을 통해 세상을 변화시킬 수 있기 때문입니다.

서른여섯 번째 날

종말의 의미

우리는 흔히 '종말론'(終末論)을 현존하는 세계의 마지막 끝남을 다루는 분야로만 생각하는 경향이 있습니다. 그러나 '종말'의 어원인 그리스어 eschaton은 '마지막', '끝남'(finis)을 뜻하는 동시에 '목적'(telos)을 의미합니다. 영어에서 끝이라는 'end'가 의미하는 것처럼 '종결'이라는 의미와 더불어 '목적'이라는 의미를 가지고 있다는 것입니다.

끝은 우리가 우주라 부르는 이 세상 만물의 종결을 의미함과 동시에 또한 어떤 궁극적인 목적에 도달하는 것을 의미합니다. 이러한 역사의 끝과 목적의 성취를 다루는 전통적 교리를 '종말론'(eschatology)이라고 부르는 것입니다. 다시 말하여, 종말론은 하나님의 피조물들의 마지막 날들, 미래에 대한 하나님의 약속, 그리고 이 약속에서 비롯된 소망에 대하여 다루는 학문을 말합니다.

흔히 종말론은 그리스도교 신학에서 마지막에 다루는 부록처럼 여겨져 온 것이 사실입니다. 그러나 그리스도교가 철저하게 종말론적이지 않다면 그리스도교라 말할 수 없다고 말했던 바르트의 말처럼, 종말론이야말로 신학의 면류관이요, 모퉁잇돌이라 말할 수 있습니다. 왜냐하면 완성된 미래, 성취될 미래에 대한 희망 또는 소망이 없다면 그리스도교 신앙이 무슨 의미를 가질 수 있을까요?

예를 들어 "만일 그리스도 안에서 우리가 바라는 것이 다만 이 세상의 삶뿐이면 모든 사람 가운데 우리가 더욱 불쌍한 자이리라"(고전 15:19)라는 사도 바울의 말처럼, 하나님의 나라와 영원한 생명에 대한 소망이 없다면 우리가 그리스도인으로 살아야 할 이유가 어디에 있겠습니까?

그리스도교 신학에서는 여러 가지 종류의 종말론들이 주장되어 왔습니다. 우리는 중요한 몇 가지 견해들을 살펴보고자 합니다.

미래적 종말론(the futuristic eschatology)

흔히 말세(末世)론 또는 내세(來世)론이라고 부를 수 있는 이 미래적 종말론은 역사의 마지막 날에 큰 관심을 두는 종말론입니다. 일반적으로 미래적 종말론은 세계의 역사에 대해 매우 비관적인 자세를 취합니다. 이 세상의 삶은 큰 의미가 없으며, 우리는 단지 잠시 이 세상에 머무르는 나그네에 불과하다고 주장합니다.

물론 이것은 틀린 말은 아닙니다. 그러나 이 견해에 따르면 이 세상은 큰 의미나 목적을 가지고 있지 않기에, 현재의 세상을 바꾸려 할 이유도 또한 미래지향적인 목표의식도 필요없는 것이 됩니다. 결국 하나님께서 맡겨주신 창조 세계를 위해 무엇을 하려고 하지도 않으며, 인간이 달성해온 성취나 사회적 진보나 과학기술에도 아무런 관심을 두지 않을 수밖에 없는 것입니다. 단지 이 종말론이 관심하는 것은 내가 마지막 때에 어떻게 구원을 받아 천국에 들어갈 것인가, 단지 말세의 심판만을 기다릴 따름입니다.

이 종말론적 사고는 "너희는 세상의 빛과 소금이라"라고 하신 주님의 말씀과도 큰 차이가 있으며, 이단적 말세론과 결합되어 큰 사회적 물의나 폐해를 가져오곤 했습니다.

철저적 종말론(the consistent eschatology)

그리스도교의 역사를 살펴볼 때 종말론의 위치가 가장 크게 상실되었던 시기를 말한다면, 아마도 자유주의 신학이 득세하던 18~19세기라 말할 수 있을 것입니다. 당시의 신학자들은 종말론에 아무런 관심을 두지 않았고, 역사적 예수의 윤리적인 가르침에 관심을 두었습니다. 예수 그리스도는 대중적 사상과 잘 어울릴 수 있는 한 사람의 윤리교사로 여겨졌습니다.

이러한 비종말론적 경향은 바이스(Johannes Weiss, 1863~1914)와 슈바이처(Albert Schweitzer, 1875~1965)에 의해 도전받았는데, 그들은 예수의 삶과 가르침이 유대교의 묵시문학적 종말론과 동떨어져서 생각될 수 없음을 주장하였습니다. 바이스는 《하나님 나라에 관한 예수의 선포》라는 저술을 통하여 예수의 종말론적인 선포, 곧 하나님 나라에 관한 선포가 예수의 가르침의 중심임을 주장하였습니다. 즉, 역사적 예수가 주장한 하나님 나라는 종말론적인 왕국이며, 그 선포의 근원은 유대교적 묵시주의라고 주장한 것입니다.[1]

슈바이처의 생각 역시 바이스와 크게 다른 것은 아니지만, 슈바이처는 바이스와는 다르게 하나님 나라에 대한 예수의 가르침만이 종말론적이었던 것이 아니라 예수의 모든 공생애 사역이 종말론적인 세계관에 의하여 행하여진 것이라고 주장하였습니다.[2]

슈바이처에 따르면, 예수는 임박한 하나님 나라의 도래를 꿈꾸었습니다. 마태복음 10장 23절에 제자들을 보내시고 "내가 진실로 너희에게 이르노니 이스라엘의 모든 동네를 다 다니지 못하여서 인자가 오리라"라고 말씀하신 것은 분명 예수께서 임박한 하나님의 나라의 도래를 믿었다는 것을 입증하는 것입니다.

그러나 자신이 기대했던 하나님 나라가 도래하지 않자, 예수는 미래의 메시아로서의 이사야 53장의 '고난 받는 하나님의 종'의 개념을 자신에게 적용시켜 자발적으로 다른 사람들을 위하여 고난받고 죽어야 한다고 생각하게 됩니다. 그는 자신의 메시아적인 예루살렘 입성을 준비하였고, 결국 십자가에 달려 죽었습니다. 그러나 예수와 그의 제자들을 제외하고는 아무도 그가 메시아라는 것을 알지 못했

---

[1] 황민효, 『근대신학 담론』(서울: 대한기독교서회, 2009), 135-137.
[2] 황민효, 『근대신학 담론』, 138-142.

고 아무런 일도 일어나지 않았습니다. 이것이 슈바이처가 분석한, 유대교의 묵시적 개념을 가지고 자신을 메시아라고 믿었던 예수란 이름을 가진 한 청년의 비극적인 종말입니다.

슈바이처는 당시에 유행하였던 역사적 예수를 찾고자 했던 역사적 예수 연구에 회의적이었습니다. 유대교의 묵시문학적 종말론적 사고에 기초한 역사적 예수는 오늘 날 현대인들에게 전혀 낯선 것이기 때문에, 우리가 역사적인 예수 그리스도를 명확하게 아는 것은 불가능하다고 주장하였습니다. 슈바이처는 이런 자신의 종말론을 '철저적 종말론'이라고 불렀습니다.

물론 철저적 종말론이 가지고 있는 긍정적인 측면은, 신약성경이 강조하는 것처럼 종말론적 긴장 가운데서 예수 그리스도의 삶과 사역 그리고 가르침이 인식되어야 함을 역설한 것에 있습니다. 그러나 철저적 종말론이 가지고 있는 부정적인 측면은, 그 주장이 충분하게 성경적이라고 볼 수 없으며, 또한 그리스도교의 출발이 자신이 메시아라고 믿었던 한 유대 청년의 허황되고도 실패한 사역이었다면 어떻게 그리스도교가 존속할 수 있었는지, 그리고 모든 박해 가운데서도 어떻게 신앙이 존속될 수 있었는지를 설명하지 못한다는 점입니다. 이런 점에서 정통 개신교회가 수용하기 어려운 종말론이라 할 수 있습니다.

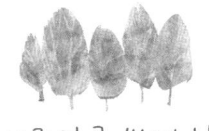

서른일곱 번째 날

종말론의 종류

지난 시간에 이어 오늘도 여러 가지 종말론적 사고의 유형늘을 계속해서 살펴보고자 합니다.

실현된 종말론(the realized eschatology)

실현된 종말론은 신약성서학자인 다드(C. H. Dodd, 1884~1973)가 그의 책 《하나님의 나라의 비유들》[1]이라는 책을 통해서 처음으로 사용한 용어입니다. 다드는 예수님의 가르침의 상당 부분은, 미래에 대한 관심이 아닌 오히려 지금 여기서 일하고 계시는 하나님과 현재 이곳에서 일어나고 있는 하나님 나라의 사건에 중심하고 있다고 주

---

1) C. H. Dodd, *The Parables of the Kingdom* (New York: Charles Scribner's Sons, 1961).

장했습니다.

예를 들어 마태복음 12장 28절은 "그러나 내가 하나님의 성령을 힘입어 귀신을 쫓아내는 것이면 하나님의 나라가 이미 너희에게 임하였느니라"고 말하고 있으며, 누가복음 17장 20-21절은 "바리새인들이 하나님의 나라가 어느 때에 임하나이까 묻거늘 예수께서 대답하여 이르시되 하나님의 나라는 볼 수 있게 임하는 것이 아니요 또 여기 있다 저기 있다고도 못하리니 하나님의 나라는 너희 안에 있느니라"고 말씀하신 사실에 주목합니다. 즉, 하나님의 나라는 가까이 온 것이 아니라 예수 그리스도를 통하여 이 세상에 이미 임한 것입니다.

다드는 자신이 주장한 이 현재적인 종말론을 '실현된 종말론'이라고 불렀습니다. 다드에 따르면, 본래 초대 교회의 가르침은 이 실현된 종말론이었지만, 예수 그리스도의 재림과 하나님 나라의 도래가 지연되자 점차로 사람들은 임박한 재림에 대한 기대를 버리게 되었고, 지연된 재림을 설명하는 과정에서 미래적 종말론이 발전된 것으로 보았습니다.

실현된 종말론이 가지고 있는 긍정적인 측면은, 현실 세계에 관심을 두고 있으며, 하나님의 승리가 그리스도를 통해 이미 성취되었으며, 우리가 그 승리를 지금 누리고 있다는 소망을 전해 준다는 점을 들 수 있습니다.

그러나 실현된 종말론 역시 부정적인 측면을 가지고 있는데, 바로 미래적 종말론이 현실 세상을 너무 등한시하는 극단성을 가지고 있는 것처럼 실현된 종말론 역시 미래적인 차원을 경시한다는 또 다른 극단성에 있다는 것입니다.

더욱이 하나님 나라의 모든 것이 이미 이루어졌다면, 오늘날 우리가 경험하는 불의, 억압, 거짓, 타락과 같은 모든 악한 영의 폐해들을 어떻게 설명할 수 있을까요? 단지 잠시 동안 우리가 직면할 것들, 언젠가 사라질 하나님 나라의 역기능에 불과한 것일까요? 그리고 장차 미래에 임할 예수 그리스도의 재림은 하나의 상징에 불과한 것인가라는 비판을 피할 수 없습니다.

실존적 종말론(the dialectic eschatology or the existential eschatology)

실존적 종말론은 20세기를 대표하는 신약성서학자인 불트만(Rudolf Bultmann, 1884~1976)이 피력한 종말론입니다. 그에 따르면, 종말은 세계 역사의 마지막에 일어나는 우주적인 종말이나 대이변이 아니라 지금 여기서 각 개인에게 실존적[2]으로 일어나는 것입니다. 불트만에 의하면 복음의 핵심은 십자가와 부활입니다. 이 십자가와 부활의 사건은 과거에 유일하게 일회적으로 일어난 역사적 사건이 아니라, 지금 여기서 그 말씀을 듣는 사람들로 하여금 거짓된 삶을 버리고 참된 삶을 살아갈 것을 결단하게 하는 현재의 사건으로 일어

---

2) 실존주의 철학은 1차 세계대전 직후 발생하여 유럽 사회를 지배했던 철학적인 사조를 의미합니다. 1차 세계대전이라는 전쟁의 비극적 상황을 경험한 후, 유럽의 지성인들은 더 이상 인간의 이성에 대하여 절대적인 신뢰를 할 수 없었습니다. 또한 19세기에 유럽에서 팽배했던 도덕적 인간관이나 낙관주의적 세계관을 유지할 수도 없었습니다. 전쟁이 가져온 참혹한 삶의 결과는 더 이상 인류가 진보할 것이라는 신념은 물론 인간의 도덕적인 본성에 대한 신뢰까지도 송두리째 앗아갔기 때문입니다. 이러한 상황에서 인간의 실존적 비극성과 한계를 있는 그대로 직시하고 인정하면서, 인간의 책임감 있는 실존적 결단을 강조한 것이 실존주의라 할 수 있습니다.

납니다.

불트만은 말합니다. "신자의 종말론적인 실존은 세상적인 현상이 아니라 새로운 자기 이해 안에서 일어난다. 이러한 자기 이해는 하나님의 말씀(the Word)으로부터 생겨난다. 예수 그리스도라는 종말론적인 말씀은 이 말씀이 선포되는 지금 여기서 발생한다."[3] 즉, 지금 여기서 선포되는 말씀을 통하여 그리스도의 십자가와 부활은 현재의 사건이 되며, 사람들은 예수의 십자가와 부활을 체험하게 되는 것입니다.

십자가를 받아들인다는 것은 신앙에 대한 철저한 결단임과 동시에 세상으로부터 하나님께로 자신의 삶의 방향을 돌리는, 즉 은총을 통하여 하나님과 하나가 되는 실존적인 결단입니다. 이 결단은 바로 부활, 새로운 삶의 시작으로 경험됩니다. 따라서 종말은 먼 미래의 것도, 현재 주어진 것도 아닌 지금 개인의 내면에서 신앙의 결단을 요구하는 실존적 사건인 것입니다.

물론 인간의 즉각적인 실존적, 신앙의 결단을 요구한다는 점에서 실존론적 종말론은 분명 강점을 가지고 있는 것이 사실입니다. 그러나 종말이 단지 인간의 내면적인 결단에 불과하다면, 창조로부터 시작되고 종국에 완성될 역사의 목표로서의 종말의 의미가 퇴색되어 버릴 것입니다. 결국 무역사적인 개인의 실존적 목표만 남게 됩니다. 이러한 점에서 실존적 종말론은 미래적이고, 역사적인 종말을 분명한 어조로 말하고 있는 성경의 증언과는 사뭇 다릅니다.

---

3) Rudolf Bultmann, *Jesus Christ and Mythology* (New Jersey: Princeton Hall, 1958), 81.

변혁적 종말론(the transforming eschatology)

마지막으로 우리가 살펴볼 또 하나의 종말론은 20세기 후반 대표적인 조직신학자인 몰트만(Jürgen Moltmann, 1926~)이 강조하는 변혁적 종말론입니다. 몰트만은 자신을 세계 신학계에 널리 각인시킨 그의 초기작인 《희망의 신학》[4]에서, 신학에서 종말론은 하나의 부록이 아니라 그리스도교의 메시지, 아니 모든 그리스도교적 성격을 지배하는 중심이라고 주장하였습니다.

변혁적 종말론에서 가장 중요한 강조점은 '희망'(hope)에 있습니다. 몰트만은 그리스도교 신앙을 현세지향적인 강력한 희망과 연결시키고 있는데, 이 희망의 근거는 하나님의 약속입니다. 하나님은 스스로 하신 약속을 지키시는 신실하신 하나님이시기에, 비록 우리가 현재 악한 세력들과 그로 인한 비극적인 결과들에 직면해 있다고 할지라도 하나님의 약속에 근거하여 승리를 희망할 수 있는 것입니다. 그리고 이러한 종말론적 희망은 오늘을 사는 사람들에게 모든 불의와 악에 저항하고, 약속된 미래를 지향하여 현세를 변혁시키려는 노력에 적극적으로 참여하게 합니다.

물론 변혁적 종말론이 가진 강점은 미래적 종말론이 간과한 현실 세계에 대한 긍정성과 더불어 실현된 종말론이 간과한 세상에 만연한 악의 실제에 대한 민감성을 모두 가지고 있다는 점입니다. 그러나 인도적인 과업과 분명하게 구별되는, 성경에 나타난 내세지향적인 성격을 충분히 다루고 있지 못하다는 점은 약점으로 들 수 있습니다.

---

4) Jürgen Moltmann, *Theology of Hope* (New York: Harper & Row, 1967).

시작된 종말론(the beginning eschatology)

그렇다면 그리스도교 신학이 추구해야 할 가장 긍정적인 종말론은 무엇일까요? 실현된 종말론의 '이미' 미래적 종말론의 '아직'의 긴장성을 모두 가져야 함과 동시에, 실존적 종말론이 추구하는 내면적 '신앙의 결단'과 더불어 변혁적 종말론이 강조하는 현실세계의 부정성에 적극적으로 저항하는 '참여'의 긴장성을 모두 가지는 종말론일 것입니다. 우리는 이 종말론을 '시작된 종말론'이라고 부를 수 있습니다.

복음서에 따르면 하나님 나라는 사랑과 정의로 대변되는 '하나님의 통치'(the reign of God)를 의미합니다. 이 하나님 나라는 단순히 미래에 오는 것이 아니라 이미 우리 안에서 시작된 실재입니다. 그러나 동시에 아직 완성된 것이 아니라 미래에 실현되고 성취될 소망입니다. 또한 하나님 나라는 개인적인 측면에서 우리 안에서 사랑, 평안과 같은 삶의 은총으로 나타나며, 영원한 생명을 대망하고 있고, 사회적인 측면에서는 하나님의 약속에 의지하여 보다 나은 미래를 위한 참여의 형태로 나타나는 것입니다.

하나님의 나라는 이미 시작되었고, 그 온전한 성취를 앞두고 있습니다. 우리는 천국을 맛보고 있는 것입니다.

서른여덟 번째 날

심판의 시간

제가 미국에 있을 때 경험했던 허리케인 카트리나는 정말로 무서운 태풍이었습니다. 당시 이 재난으로 수천 명의 사람들이 사망하였고, 1,500억 달러(약 140조 원)가 넘는 재산 피해가 났다고 합니다. 특히 당시에 TV 화면을 통해서 본 뉴올리언스의 상황은 참으로 참혹했습니다. 물에 잠긴 수많은 집, 물에 둥둥 떠다니던 시체들, 그리고 가족을 잃은 사람들의 슬픈 통곡, 하루아침에 모든 터전을 잃어버려 절망에 빠져 있는 사람들, 공공장소에서 노략질을 하고 화학공장에 불을 지르는 무법의 아노미 상태의 도시! 마치 현실의 지옥을 보는 듯 참으로 참혹할 따름이었습니다.

그들의 슬픔과 아픔을 통탄하면서도 한편으로는 불현듯 이런 생각이 들었습니다. '구약 시대의 노아의 홍수는 얼마나 무서운 것이었을까? 그리고 앞으로 다가올 세상의 종말은 얼마나 두려운 것일까?' 이 사건을 보면서 앞으로 다가올 종말의 한 장면을 보는 것 같아 참으로 두려워졌습니다. 앞으로 다가올 종말은 이와는 비교도 되지 않을 진정한 마지막일 것이기 때문입니다.

재림의 날

종말, 마지막 날은 주님께서 다시 오시는 재림의 날을 의미합니다. '재림'(parousia)이라는 단어의 뜻은 '도착' 또는 '오심'인데, 성경에서는 십자가에 달리시고, 부활하신 주님이 영광 가운데 다시 오심을 의미합니다.

> "이르되 갈릴리 사람들아 어찌하여 서서 하늘을 쳐다보느냐 너희 가운데서 하늘로 올려지신 이 예수는 하늘로 가심을 본 그대로 오시리라 하였느니라"(행 1:11).

주님이 다시 오시는 날에 죽은 자의 부활이 이루어지며, 산 자와 죽은 자를 가리시는 마지막 심판을 하실 것입니다. 사탄과 그의 세력들은 심판의 날에 최후의 운명을 맞이하겠지만 주님을 영접하여 믿은 사람은 심판에 이르지 않으며, 영원한 생명을 얻게 될 것입니다.

> "내가 진실로 진실로 너희에게 이르노니 내 말을 듣고 또 나 보내신 이

를 믿는 자는 영생을 얻었고 심판에 이르지 아니하나니 사망에서 생명으로 옮겼느니라"(요 5:24).

그러나 악인이나 믿지 않는 자들은 하나님의 은총이 전혀 없으며, 육신과 영혼의 극심한 고통과 고난의 상태에 빠지게 될 것이라고 성경은 말합니다.

물론 우리는 마지막 날에 있을 일에 대한 정확한 지식이나 천국과 지옥에 대하여 완전한 지식을 가지고 있지 못합니다. 그러나 우리는 성경의 증언을 통하여 한 가지 분명하게 확신할 수 있는 것이 있습니다. 주 예수를 믿는 자들은 사망으로부터 영원한 생명으로 옮겨졌으며, 눈물도 사망도 애통도 곡하는 것도 아픈 것도 없는 곳에서 하나님과 함께 영원히 거하게 된다는 것입니다.

> "내가 들으니 보좌에서 큰 음성이 나서 이르되 보라 하나님의 장막이 사람들과 함께 있으매 하나님이 그들과 함께 계시리니 그들은 하나님의 백성이 되고 하나님은 친히 그들과 함께 계셔서 모든 눈물을 그 눈에서 닦아 주시니 다시는 사망이 없고 애통하는 것이나 곡하는 것이나 아픈 것이 다시 있지 아니하리니 처음 것들이 다 지나갔음이러라"(계 21:3-4).

심판의 날

마태복음 24장 38-42절은 마지막 날의 모습을 우리에게 말해 줍니다.

> "홍수 전에 노아가 방주에 들어가던 날까지 사람들이 먹고 마시고 장가 들고 시집 가고 있으면서 홍수가 나서 그들을 다 멸하기까지 깨닫지 못하였으니 인자의 임함도 이와 같으리라 그 때에 두 사람이 밭에 있으매 한 사람은 데려가고 한 사람은 버려둠을 당할 것이요 두 여자가 맷돌질을 하고 있으매 한 사람은 데려가고 한 사람은 버려둠을 당할 것이니라 그러므로 깨어 있으라 어느 날에 너희 주가 임할는지 너희가 알지 못함이니라."

두 사람이 함께 밭을 갈고 있습니다. 이 두 사람은 친구일지도 모르고, 아니면 아버지와 아들 혹은 형제일 수도 있습니다. 하지만 한 사람은 주님이 오시는 그날 데려감을 당하고 다른 한 사람은 버려둠을 당합니다. 영원한 이별입니다. 다시 만날 기회는 영원히 없습니다. 한 사람은 영원한 생명의 길로 가지만, 한 사람은 영원한 죽음의 길로 가기 때문입니다.

두 여인이 같이 맷돌을 갑니다. 아마 이 두 여인은 친구일 수도, 자매일 수도, 아니면 엄마와 딸일 수도 있습니다. 두 사람은 아마도 친구 이야기, 가족 이야기 이런 즐거운 이야기를 할지도 모릅니다. 하지만 주님이 오시는 그날에 한 사람은 데려감을 당하고 다른 한 사람은 버려둠을 당합니다. 영원한 이별입니다. 다시 만날 기회는 영원히 없습니다. 한 사람은 영원한 생명의 길로 가지만, 한 사람은 영원한 죽음의 길로 가기 때문입니다.

이 두 사람을 갈라지게 한 원인은 단 하나입니다. 바로 주님의 복음을 받아들이느냐 아니면 거절하느냐입니다. 한 사람은 그 복음을 받아들였기에 영원한 생명의 길로 가지만, 다른 한 사람은 그 복음을 거절하였기에 영원한 죽음으로 갑니다.

그러나 이 일은 비단 주님 오시는 마지막 날에만 일어나는 일은 아닙니다. 바로 우리의 삶의 마지막에도 일어나는 일입니다.

세상에는 두 가지의 종말이 있습니다. 하나는 역사의 종말입니다. 주님께서 다시 오시는 재림의 날입니다. 주님이 약속하신 하나님 나라의 완성이 임하는 그날입니다. 이날이 오면, 주님께서 영광 중에 임하시고 천하 만민을 불러모으시고 선악 간에 판단하실 것입니다. 또 하나는 내 삶의 종말의 순간입니다. 내가 죽는 그 순간입니다. 바로 나의 존재가 사라지는 순간입니다.

이 두 가지 종말은 비록 다른 종말이지만, 또한 이 두 가지 종말 중 어떤 것이 우리에게 먼저 찾아올지는 모르지만, 그 결과는 같습니다. 만일 우리가 살아 있는 동안에 세상의 종말이 다가온다면 우리는 주님의 복음을 받느냐 아니면 받지 않느냐에 따라 영원히 살 수도, 영원히 죽을 수도 있습니다. 설사 우리가 죽을 때까지 세상의 종말이 오지 않는다 할지라도 우리가 죽는 그날이 바로 우리에게는 종말의 날입니다. 왜냐하면 우리에게는 두 번째의 기회가 없기 때문입니다.

불교의 세계관은 원의 세계관입니다. 그 가르침에 따르면 세상은 윤회의 법칙에 따릅니다. 모든 세상 만물은 돌고 도는 것입니다. 강물이 흘러서 바닷물이 되고 다시 증발하여 비가 되어 강물이 되듯, 지금 나의 삶이 끝나도 우리는 또다시 새로운 삶으로 태어날 수 있습니다. 비록 그것이 축생의 삶일지는 모르지만 말입니다. 윤회적 세계관에 따르면 엄밀히 말해서 종말이란 존재하지 않습니다.

하지만 기독교의 세계관은 직선의 세계관입니다. 두 번째 기회는 없습니다. 내가 죽는 그날이 바로 세상의 종말의 날이요 심판의 날입니다. 따라서 성경은 우리에게 미루지 말고 지금 결단할 것을 촉구합니다.

서른아홉 번째 날

결단의 시간

시간의 압박

미국의 한 심리학자에 따르면, 요즘 사람들이 가장 스트레스를 받는 것이 바로 '시간의 압박'이라고 합니다. '언제까지 무엇을 마쳐야 하는데, 언제까지 이 일을 결정해야 하는데, 언제까지 이곳에 가야 하는데, 언제까지 이것을 준비해야 하는데…….' 시간은 참으로 우리의 삶을 구속하고 많은 스트레스를 줍니다.

가끔씩은 그런 생각이 듭니다. 모든 것 다 버려두고 한 작은 섬에 가서 시계들은 다 풀어 두고, 핸드폰도 꺼 두고, 해가 뜨면 아침이구나, 해가 지면 저녁이구나 하며 모든 시간의 압박으로부터 벗어나 살아가고 싶다는 생각이 듭니다. 아마 여러분도 정신없이 바쁠 때 이러한 생각을 한 번쯤은 해보셨을 것입니다.

하지만 기독교의 가르침은 이러한 시간으로부터의 해방을 말하지 않습니다. 기독교의 가르침은 어쩌면 이 세상이 말하는 시간의 구속보다 더 긴급하게 한 가지 점에서 우리의 결정을 촉구합니다. 바로 '주님을 받아들일 것인가? 아니할 것인가?' 지금 결정하라는 것입니다.

한 유명한 종교학자가 죽어서 천국에 갔습니다. 그리고 두 개의 문 앞에 서 있는 성 베드로를 만나게 되었습니다. 성 베드로가 물었습니다.

"자! 한쪽은 바로 천국으로 들어가는 문입니다. 그리고 다른 한쪽은 과연 천국이 있는가를 토론하는 곳으로 가는 문입니다. 어느 쪽으로 가시겠습니까?"

종교학자가 심각하게 되물었습니다.

"천국에 대하여 토론하는 문에는 유명한 종교학자들이 많이 있습니까?"

"물론이지요. 이름만 대면 당신이 알 만한 학자들이 열심히 토론 중입니다."

그러자 이 유명한 종교학자가 말합니다.

"그렇다면 나는 이 문으로 가겠습니다. 나는 아직 천국에 대하여 확신할 수 없기 때문입니다."

참 우스운 이야기로 바로 눈앞에서 천국을 보고도 인정하지 않는 어리석은 이들의 모습을 비판하고 있습니다. 종교학자들의 특징은 모든 것을 가설로 보는 것입니다. 그들은 천국으로 들어갈 것을 결정하는 것보다 결정을 미루고 그것을 토론하느라 바쁩니다.

오늘날 수많은 사람들이 바로 이러한 종교학자의 모습을 갖고 있습니다. 특히 미국의 경우에는 매우 심각합니다. 어떤 종교를 갖고 있느냐는 질문에 그리스도교라고 대답하는 사람이 70퍼센트가 넘지만 정작 교회에 나오는 사람은 30퍼센트밖에 되지 않습니다. 결국 나머지 40퍼센트는 바로 위의 이야기에 나오는 종교학자처럼 하나님의 천국의 확실성을 의심하고 그 결정을 미루고 또 미루는 사람들입니다. 어쩌면 그들이 이처럼 자신의 결정을 미루는 이유는 '아직 여유가 있다' 라는 생각 때문일지도 모릅니다.

과연 여유가 있는가?

한 기독교 단체에서 미국인들이 가장 좋아하는 열 가지 비유를 소사했는데, 1위로 뽑힌 비유가 누가복음 15장의 '탕자의 비유' 입니다.

아버지를 버리고 떠난 아들이 뉘우치고 다시 돌아올 때 큰 사랑으로 다시 자녀 삼아 주시는 하나님의 놀라운 사랑은 많은 사람들이 이 비유를 좋아하는 이유입니다. 그러나 거기에는 한 가지의 이유가 숨겨져 있다고 생각합니다. 바로 언제라도 내가 돌아가면 하나님께서 받아 주신다는 마음의 여유를 주기 때문입니다. 아직은 여유가 있다고 생각하기 때문입니다. 지금은 비록 내가 탕자처럼 살아가지만, 꼭 지금이 아니라도 언젠가 내가 돌아가면 하나님께서는 받아 주실 것이라는 확신을 주기 때문입니다.

미국인들이 세 번째로 가장 좋아하는 비유는 더욱 이러한 사실을 분명히 보여줍니다. 마태복음 20장의 '포도원 일꾼의 비유'인데, 이 비유는 예수님께서 제자들에게 하나님 나라가 무엇인가를 설명해 주시기 위해 들려 주신 비유입니다.

이 비유에 따르면 아침 일찍 일하러 온 일꾼이나 일을 마치기 직전에 온 일꾼이나 동일한 임금을 받습니다. 전통적인 해석에 따르면, 여기서 임금으로 주어진 한 데나리온은 구원을 상징한다고 합니다. 아주 어려서부터 모태신앙으로부터 주님을 믿은 사람이든, 죽기 직전에 주님을 영접한, 예를 들어 주님과 같이 십자가에 달린 강도든 똑같은 구원을 받는다는 것입니다.

미국의 그리스도인들이 이 비유를 좋아하는 이유는, 모든 이를 동일하게 사랑하시는 하나님의 사랑 때문이지만 또한 시간의 여유가 있기 때문입니다. 아침 일찍 가든지, 끝나기 직전에 가든지 어차피 똑같습니다. 어쨌든 일하러 가기만 하면 됩니다. 가기만 하면 같은 임금을 받습니다. 언제든지 주님에게 가기만 하면 같은 구원을 받습니다.

탕자의 비유처럼 하나님께서는 언제라도 우리가 돌아가면 기쁘게 받아 주십니다. 포도원 일꾼의 비유처럼 언제라도 돌아가기만 하면 하나님께서는 우리를 받아 주십니다. 이것은 분명 사실입니다. 굳이 지금 결정해야 할 필요는 없습니다. 언제든지 하나님은 돌아가기만 하면 받아 주실 것이기 때문에 나중에 결정해도 됩니다.

그러나 여기에는 한 가지 문제가 있습니다. 우리의 종말이 언제

올지 모른다는 것입니다. 언제 우리의 종말이 올지 모르기 때문에 지금 결정해야 하는 것입니다.

깨어 있으라!

마태복음에 이 포도원의 비유만 있는 것이 아닙니다. 비록 미국인이 좋아하는 10대 비유에는 들지 못하였지만 도둑의 비유가 있습니다. 이 비유는 왜 우리가 깨어 있어야 하는지 보여줍니다.

만일 도둑이 언제 오는지 알 수만 있다면 우리는 도둑을 예비할 수가 있습니다. '오늘 밤 12시, 당신이 아끼는 보석함과 금고를 털겠으니 조심하시기 바랍니다.' 친절하게도 이런 예고를 받았다면 가만히 있을 사람이 어디 있습니까? 당연히 보석함도 다른 곳으로 옮기고 금고 안의 물건도 다른 곳으로 숨겨놓고 또 경찰에도 알려 방비할 것입니다. 하지만 어떤 도둑도 자신이 언제 무엇을 털겠다고 말하지 않습니다. 실생활에서 '내가 언제 당신의 물건을 훔쳐갈 것입니다'라고 예고하고 찾아오는 도둑은 없습니다. 그 어느 누구도 언제 도둑이나 강도가 들지 모르니까 항상 깨어 있어야 합니다.

우리의 종말의 시간도 그러합니다. 언제 그날이 찾아올지 모릅니다. 성경은 우리에게 분명히 말씀합니다.

> "그러나 그날과 그때는 아무도 모르나니 하늘의 천사들도, 아들도 모르고 오직 아버지만 아시느니라"(마 24:36).

> "그러므로 깨어 있으라 어느 날에 너희 주가 임할는지 너희가 알지 못하느니라"(마 24:42).

주님께서는 다시 오실 그날은 천사도 모르고 심지어 주님도 모르신다고 하면서 이 일이 온전히 아버지 하나님의 주권에 달려 있다고 말씀하셨습니다. 하지만 그리스도교 역사상 많은 이단 사상들이 이러한 재림의 정확한 시기를 안다고 말해 왔습니다. 이는 그릇된 가르침입니다. 주님의 재림은 분명 확실한 약속입니다. 그러나 그 시기는 우리에게 감추어져 있기 때문에 함부로 예측해서는 안 됩니다. 따라서 우리는 오늘이 곧 재림의 날이라는 마음으로 살 수 있어야 합니다. 깨어 살아가야 합니다.

많은 사람들이 항상 내일이 있을 것이라고 생각하며 살아갑니다. 내일이 있다고 믿기에 항상 삶의 여유를 가지고 살아갑니다. 예수님이 하나님의 나라가 가깝다, 마지막 날이 멀지 않았다고 말씀하셨는데도, 부활 승천 후에 지금까지 대략 계산해 보아도 72만여 일에 가까운 내일이 항상 있었습니다. 우리에게 내일은 항상 있는 듯합니다. 어쩌면 우리가 사는 동안에 종말의 날이 오지 않을지도 모릅니다.

그러나 나의 마지막 날이 언제일지는 누구도 알 수 없습니다. 사랑하는 나의 가족의 마지막 날이 언제일지 아무도 알 수가 없습니다. 사랑하는 나의 친구의 마지막 날이 언제일지 아무도 알 수가 없습니다.

10여 년 전 알라바마에 계시는 선배 목사님을 찾아갔을 때, 함께 감리교 연회에 참석하는 좋은 시간을 가졌습니다. 그때 감독으로 부임하셨던 세계적인 설교가로 유명한 윌리먼(William Willimon) 목사님께서 새로 부임하는 목사들에게 "목회를 하면서 사람을 바라보지 말고 오직 하나님만을 바라보라. 오직 하나님만을 두려워하라"라는 내용의 설교를 하시면서 해주신 이야기인데 참 기억에 남는 이야기입니다.

윌리먼 목사님이 젊은 시절에 한 작은 교회에서 사역을 하시던 때입니다. 평상시 잘 알고 있던 한 집사님의 남편께서 돌아가셔서 장례식장을 찾았습니다. 비록 그 남편은 교회에 다니던 사람이 아니었으나 아내인 집사님과 가족들의 요청으로 인하여 기독교식 예배를 드리게 되었습니다. 그리고 집사님께서 다니시던 교회의 목사님이 입관예배 설교를 하셨습니다. 그런데 목사님이 참으로 충격적인 말을 하셨습니다.

"여기 누워 있는 당신의 남편은, 당신의 부모는, 당신의 친구는, 당신의 친척은 이미 늦었습니다. 그 어떠한 것으로도 그는 구원받을 수 없습니다. 하지만 아직 당신들은 늦지 않았습니다. 주님께 온전히 당신을 드릴 것인지 아닐 것인지 지금 결정하십시오."

그 목사님은 죽은 고인을 앞에 두고 이런 설교를 하셨습니다. 그 가족들의, 친지들의 표정이 어떠했겠습니까? 고인과 유가족들을 위한 위로의 말을 전해 주어도 모자랄 판에 고인이 이미 늦어 구원받지 못한다는 말을 하다니……. 이 말을 들은 유가족들의 얼굴이 빨

개졌습니다.

　이 장례식에 참석하셨던 젊은 날의 윌리먼 목사님도 당황하기는 마찬가지였습니다. 차를 타고 돌아오는 길에 자신의 아내에게 이렇게 말했습니다. "위로를 전해도 부족한 장례식장에서 어떻게 그런 설교를 할 수가 있어. 나는 절대로 그런 설교를 하지 않을 거야!" 그러자 윌리먼 목사님의 사모님께서 한참을 가만히 계시다가 무거운 어조로 이렇게 말씀하셨습니다. "그래요. 당신 말이 맞아요. 그런 설교를 해서는 안 되는 거죠. 정말 너무했어요! 그런데 여보! 그럼에도 불구하고 정말로 가슴 아픈 것은 그 목사님의 말씀이 다 사실이라는 거예요." 이 말을 들은 윌리먼 목사님 역시 순간 아무런 말도 할 수 없었습니다.

결단의 시간

　누구나 종말의 복음을 좋아하지 않습니다. 누구나 아직은 여유가 있다고 말하는 탕자의 비유나 포도원 일꾼의 비유를 좋아하지 긴급한 결정과 재림을 말하는 열 처녀의 비유나 도둑의 비유를 좋아하지 않습니다. 목사님들 역시 성도들에게 힘을 주는 말을 하고 싶지, 두려움을 주는 말씀을 전하고 싶지 않습니다. 하지만 앞서 윌리먼 목사님의 사모님이 말씀하셨듯이 이것은 부인할 수 없는 진리입니다.

　누군가 여러분에게 "지금은 어느 때입니까?"라고 묻는다면 무엇이라 답하시겠습니까? 아직은 여유가 있는 시간인가요? 아니면 지금 결정해야 할 결정의 순간입니까?

사랑하는 사람이 있다면 지금 사랑한다고 말해 주십시오. 특별히 생각하는 사람이 있다면 당신은 특별하다고 지금 말해 주십시오. 지금이 바로 그 말을 해줄 때입니다. 우리의 종말의 시간도 사랑하는 사람의 종말의 시간도 우리는 알지 못하기 때문입니다. 그러나 더 중요한 한 마디 말을 꼭 전해 주십시오.

"주님께 온전히 당신을 드릴 것인지 아닐 것인지 지금 바로 결정하십시오."

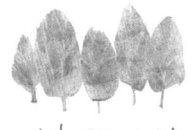

마흔 번째 날

다른 종교에 관하여

아주 오래전부터 세상에는 여러 종교들이 공존해 왔습니다. 그리고 종교들은 각기 자신의 종교만이 유일한 진리이며 구원의 방편인 듯, 다른 종교들을 억압하거나 멸시해 왔습니다. 그러나 현대에 이르러 신학은 다른 종교들과의 공존적 상황을 보다 진지하게 성찰할 것을 요청받게 되었습니다. 세상이 좁아졌기 때문입니다. 우리는 모두 지구촌이라고 부르는 작은 세상의 일원으로서 다른 종교 간의 만남을 피할 수 없게 되었으며, 서로 어울려 사는 법을 배워야 했습니다.

이러한 이유로 다종교 상황에서 제기되는 문제들을 보다 깊이 있게 다루는 신학의 영역을 발전시키게 되었으며, 이러한 신학을 우리는 '종교신학' 또는 '종교 간의 대화의 신학'이라고 부릅니다.

일반적으로 많은 신학자들은 그리스도교와 다른 종교 간의 관계를 이해하는 데 있어서 1983년에 레이스(Alan Race)가 발표한 유형론을 사용합니다. 그는 예수 그리스도의 궁극성이라는 기준에 근거해 그리스도교가 다른 종교에 관하여 가지는 입장 또는 태도를 배타주의, 포괄주의 그리고 다원주의라는 세 가지 유형으로 나누었습니다.[1]

종교신학을 평가하는 두 가지 기준: 신실성과 개방성

우리는 종교신학의 세 가지 유형을 살펴보기 전, 먼저 종교신학을 평가할 두 가지 기준을 먼저 명시할 필요가 있습니다. 그것은 '신실성'과 '개방성'입니다.

먼저 종교 간의 대화에 임하는 이는 자신의 종교에 대한 신실성을 가져야 합니다. 자신의 종교에 대한 무조건적인 신뢰와 헌신이 없다면 그를 종교인이라고 말할 수 없기 때문입니다. 다음으로, 종교 간의 대화에 임하는 사람은 다른 종교에 대하여 개방적인 태도를 가져야 합니다. 다른 종교에 대하여 열린 접근 없이는 실상 대화가 불가능하기 때문입니다.

그러나 이 두 가지 기준을 충족시킨다는 것은 무척이나 어려운 일입니다. 특정 종교인이 자신의 신앙에 관하여 전폭적인 신뢰와 헌신

---

[1] Alan Race, *Christians and Religious Pluralism: Patterns in the Christian Theology of Religions* (London: SCM, 1983).

을 보이면서도 다른 종교에 대하여 개방적인 태도를 보이는 것은 무척이나 어려운 일이기 때문입니다.

이러한 기준을 염두에 두면서 종교신학의 세 가지 유형을 살펴보겠습니다.

배타주의(Exclusivism)

첫 번째 유형인 배타주의는 간단하게 말하여 '그리스도교 밖에는 구원이 없다'는 입장을 고수하는 유형입니다. 이 유형이 주장하는 성경적 근거로는 사도행전 4장 12절의 "다른 이로써는 구원을 받을 수 없나니 천하 사람 중에 구원을 받을 만한 다른 이름을 우리에게 주신 일이 없음이라 하였더라"와 요한복음 14장 6절의 "예수께서 이르시되 내가 곧 길이요 진리요 생명이니 나로 말미암지 않고는 아버지께로 올 자가 없느니라"를 제시할 수 있습니다.

배타주의는 성경의 증언과 가장 일치할 뿐 아니라, 종교가 요구하는 자신의 종교에 대한 신앙의 충성이라는 점에서 장점을 가지고 있습니다. 즉, 신실성의 기준을 충족하고 있습니다. 물론 자신의 종교에 대한 신실함을 가지기 위하여 종교인은 분명 배타성을 가지고 있어야 합니다. 그러나 이 배타성이 지나칠 경우 문제가 야기될 수도 있습니다.

극단성을 가지는 배타주의는 타종교에 대한 배타적인 태도를 넘어 공격적인 성격을 가질 때가 많습니다. 이 입장에 따르면, 자신의 종교를 제외한 다른 종교들은 모두 거짓된 종교에 불과합니다. 따라서 대화는 필요하지 않고 개종만 요구되며, 진정한 평화는 이 세상의 모든 거짓된 종교들을 정복할 때 비로소 찾아올 수 있다는 것입니다. 엄밀히 말하여, 이 입장에 따르면 다른 종교와의 대화는 필요하지 않습니다. 즉, 신실성의 측면에서는 장점을 가지나 개방성의 측면에서는 약점을 보이는 입장입니다. 현재 이러한 입장은 보수적 성격을 가진 개신교 종파들에서 쉽게 찾아볼 수 있습니다.

포괄주의(Inclusivism)

두 번째 유형인 포괄주의적 입장은 다른 종교에 대하여 "예"와 "아니오"를 동시에 말하는 변증법적 입장을 취합니다. 이 유형은 현재 로마 가톨릭교회의 주된 입장이며, 이를 대변하는 신학자는 20세기 로마 가톨릭을 대표하는 신학자 칼 라너(Karl Rahner, 1904~1984)입니다. 그는 세계 신학계에 '익명의 그리스도인'(anonymous Christian)이라는 개념을 소개했는데, 이것은 그리스도교 즉 교회 밖의 사람들에게도 구원의 가능성이 있다는 것을 천명하는 것이었습니다.

라너는 하나님의 은총과 사랑의 보편성에 관하여 말합니다. 그가 제시하는 성경적 근거는 디모데전서 2장 4절의 "하나님은 모든 사람이 구원을 받으며 진리를 아는 데에 이르기를 원하시느니라"입니다. 라너는 "하느님의 구원의지가 모든 시대와 모든 인간들에게 보편적으로 행해지고 있으며, 인간은 본래 하느님이 창조하신 존재이기에 자신이 의식하지 못하더라도 하느님을 지향하게 되어 있다"고 주장합니다. 인간은 자신이 의식하든 아니든 항상 어디서나 하나님의 은총을 체험하고 있으며, 이를 받아들이는 것이 신앙 행위입니다. 따라서 인간이면 누구나 잠재적으로 이미 '신앙인'이라고 볼 수 있으며, 특히 하나님의 뜻과 사랑의 본질인 '이웃 사랑'을 실천하는 이는 이미 '익명의 그리스도인'이라 말할 수 있는 것입니다.

포괄주의는 하나님의 보편적인 은총과 사랑은 그리스도교의 범위에 국한될 수 없는 것이기에 다른 종교들 속에도 참 진리와 구원 가능성이 있을 수 있다고 주장합니다. 그러나 라너는 한편으로 그리스도교는 다른 종교들과 구분되는, 다시 말하여 다른 종교보다도 우선하는 절대종교라는 것을 분명히 밝힙니다. 왜냐하면 다른 종교들은 '익명성' 안에 있지만 그리스도교는 예수 그리스도를 통해 완전히 현시된 진정한 진리와 구원 아래 있기 때문입니다.

물론 그리스도의에 우위성을 주장함과 동시에 다른 종교의 진리와 구원의 가능성을 주장하는 포괄주의적 입장은 현대인들에게 무척 '관용적'이며 '신사적'으로 보일 수 있습니다. 참된 '불교도'나 '힌두교인'이라면 굳이 '그리스도인'으로 개종할 필요가 없기 때문입니다. 곧 신실성과 개방성이란 두 기준을 모두 만족하는 것처럼 보일 수도 있습니다.

그러나 포괄주의적 입장은 배타주의와 다원주의 양측 모두로부터 주어지는 비판을 피할 수 없었습니다. 배타주의적 입장에 속한 이들의 눈에는 포괄주의적 태도가 자신의 종교에 대한 종교적 신념과 헌신을 저버린 것으로 보였으며, 다원주의적 입장을 가진 이들의 눈에 포괄주의는 여전히 그리스도교의 절대성의 주장을 포기하지 않는다는 점에서 배타주의와 크게 다르지 않으며 포용성이라는 가면에 포장된 위선에 불과하기 때문입니다. 이렇듯 포괄주의는 신실성과 개방성 두 가지 측면에서 모두 비판받고 있습니다.

다원주의(Pluralism)

다원주의는 배타주의가 주장하는 "그리스도교는 유일한 진리의 종교이다"라는 주장과 포괄주의가 주장하는 "그리스도교는 가장 우선하는 절대종교이다"라는 주장을 포기하거나 유보한 채, 종교 간의 대화를 실질적으로 모색하는 입장을 통칭한다고 볼 수 있습니다.

그러나 다원주의는 '극단적 다원주의 또는 상대주의적 입장'과 '온건한 다원주의'라는 두 가지 유형으로 다시 세분되어 말하는 것이 더 정확할 것입니다.

먼저 상대주의적 유형은 배타주의나 포괄주의와는 다르게 여러 종교들의 동등성을 주장하고, 모든 종교가 동일한 구원의 길임을 인정하는 입장을 의미합니다. 이 입장을 대표하는 신학자로는 트렐치(Ernst Troeltsch, 1865~1923)를 들 수 있는데, 그는 1923년 자신의 유명한 논문인 〈세계 종교들 가운데 있는 그리스도교〉(*Christianity Among the World Religions*)에서 그리스도교의 절대성의 주장은 철저하게 개인적이고 상대적인 주장에 불과하며, 이러한 주장은 그리스도교가 주도적인 역할을 해온 문화(특별히 유럽에서만)에서만 유효하다고 주장하였습니다.[2]

---

2) Ernst Troeltsch, *Christian Thought: Its History and Application*(New York: Meridian, 1957), 51쪽 이하 참조.

그러나 상대주의가 가진 문제점은 너무나 쉽게(아무런 근거 없이) 자신의 종교의 절대성, 다시 말하여 절대적 신뢰를 포기한다는 것입니다. 즉, 신실성이라는 기준에서 큰 문제점을 보이는 것입니다. 더 나아가 상대주의적 입장에서는 종교 간의 대화를 해야 할 필요성이 없습니다. 모든 종교가 동등한 진리를 가지고 있으며 동일한 구원의 길이라면 다른 종교와 대화를 해야 할 이유가 없기 때문입니다.

상대주의적 입장과는 다르게 '온건한 다원주의'는 종교의 상대성을 직접적으로 인정하는 대신 유보하는 태도를 가집니다. 그들은 종교 간의 대화에 진지하게 임하기 위해서는 종교의 절대성에 대한 주장에 대한 판단을 중지하고 개방적인 태도로 대화에 임해야 한다고 주장합니다. 그들은 다른 종교와의 대화를 통해 자신의 종교를 깊이 이해할 수 있다고 주장하면서, 종교 간의 대화에 진지하게 임할 것을 주장합니다.

그러나 이 입장 역시 자신의 종교에 대한 성실성(신앙과 헌신)의 측면에서 문제점을 가지고 있습니다. 어떻게 신실한 종교인이 자신의 종교에 대한 신뢰 없이, 자신의 종교에 대한 신뢰를 유보하고 종교 간의 대화에 임할 수 있겠습니까?

최선의 선택: 개방주의

우리가 살펴보았듯이, 위에서 말한 세 가지 입장 모두 종교 간의 대화를 하는 데 이상적인 해답을 제공해 주지 못합니다. 그렇다면 우리는 어떠한 자세로 종교 간의 대화에 임해야 할까요? 과연 자신의 종교에 대한 성실성과 다른 종교에 대한 개방성을 모두 가지면서 종교 간의 대화에 임할 수 있을까요?

물론 이 양자를 모두 만족시키는 해답을 찾는 것은 어려운 일일 것입니다. 그러나 저는 그 폐단을 최소화할 수 있는 입장을 '선교적 개방주의'라고 부르고 싶습니다. 이 입장은 배타주의처럼 자신의 종교에 대하여 무한한 신뢰와 헌신을 요청합니다. 그러나 동시에 다른 종교에 대하여 어느 정도의 개방적인 태도를 취합니다. 개방성을 요청하는 근거는, 종교 간의 평화와 협력 없이는 그 어떤 평화도 존재할 수 없다는 신념과, 인류가 함께 해결해 나가야 할 공통 과제들이 있음을 알기 때문입니다.

선교적 개방주의의 입장은 피상적인 교리 논쟁을 피하며, 인위적으로 종교적 진리를 통합하려고 하는 종교혼합주의 역시 경계합니다. 그보다는 선교적인 관심을 가지고 다른 종교들을 정죄하기 이전에 바르게 이해하려고 노력하며, 다른 종교와 그리스도교 간의 공통적인 접촉점을 찾기 위하여 노력합니다. 그리고 이러한 접촉점을 통하여 그리스도교의 복음을 전하고 변증하는 일에 힘쓰는 것입니다. 또한 동시에 전쟁, 불의, 가난, 환경파괴 등 인류가 직면한 실제적인 문제들을 해결하기 위하여 종교 간의 대화에 개방적인 자세로 임하는 태도입니다. 이러한 문제들은 한 종교의 힘만으로 해결할 수 없는 문제이기 때문입니다.

분명 종교 간의 대화는 무척 어려운 일임에 틀림없습니다. 그러나 우리 그리스도교가 먼저 대화의 의지와 개방적인 태도를 가지고 실질적인 대화에 임한다면, 인류가 직면한 많은 당면 과제들을 해결할 수 있음과 동시에 보다 효율적인 선교의 길을 예비할 수 있을 것입니다.

| 판 권 |
| 소 유 |

40일간의 신학 여행

2015년 2월 10일 인쇄
2015년 2월 17일 발행

지은이 | 황승룡 · 황민효
발행인 | 이형규
발행처 | 쿰란출판사

주소 | 서울특별시 종로구 이화장길 6
TEL | 02-745-1007, 745-1301~2, 747-1212, 743-1300
영업부 | 02-747-1004, FAX / 02-745-8490
본사평생전화번호 | 0502-756-1004
홈페이지 | http://www.qumran.co.kr
E-mail | qrbooks@gmail.com
　　　　qrbooks@daum.net
한글인터넷주소 | 쿰란, 쿰란출판사

등록 | 제1-670호(1988.2.27)

책임교열 | 이화정 · 김유미

값 10,000원

ISBN 978-89-6562-716-6 03230

＊ 이 출판물은 저작권법에 의해 보호를 받는 저작물이므로 무단 복제할 수 없습니다.
＊ 잘못된 책은 교환해 드립니다.